이화유치원

교육과정 운영의 실제

만 4세 ⑨ 우리나라

이화유치원
교육과정 운영의 실제

만 4세

9 우리나라

이화여자대학교 사범대학 부속이화유치원

(주)교문사

머리말

올해로 97년의 오랜 역사와 전통을 자랑하는 이화유치원은 우리나라에서뿐만 아니라 전 세계에서 탁월한 유아교육을 실행하는 유치원으로 높이 평가받고 있습니다. 이화유치원은 이에 긍지와 자부심, 책임감을 가지고 있으며, 무한한 가능성을 가진 유아들이 바르고, 착하고, 아름답게 자랄 수 있도록 최적의 교육환경과 교육과정을 제공하기 위해 항상 노력하고 있습니다. 더 나아가 미래사회를 책임질 유아들의 건강한 성장과 발달을 위해 끊임없이 새로운 프로그램을 개발하고, 유아교육의 질을 제고하기 위한 연구를 지속하여 유아교육 발전을 선도해 가고 있습니다.

유아의 성장 및 발달에 적합한 환경과 교육과정으로 질 높은 유아교육을 충실히 실행하는 것이 이화유치원의 중요한 사명 중 하나라면 또 다른 중요한 사명은 유아의 발달 및 유치원 교육과정, 교수방법, 교육환경 등에 관한 연구를 수행하고 그 결과를 출판하여 보급하는 것입니다. 이에 따라 이 책 『이화유치원 만 3, 4, 5세 교육과정 운영의 실제』는 이화유치원의 중요한 사명을 성공적으로 완수해 낸 결과물인 것입니다.

이화여자대학교 사범대학 부속이화유치원에서 1992년과 1995년 두 번에 걸쳐 『만 3, 4, 5세 어린이를 위한 유치원 교육과정 운영의 실제』를 출판한 지 어느덧 16년이 지났습니다. 2004년에 이화유치원 창립 90주년 기념행사를 성황리에 개최한 이후 새로운 『만 3, 4, 5세 유아를 위한 이화유치원 교육과정 운영의 실제』를 출판하기 위한 준비 및 집필 작업을 계속해 왔고 드디어 2011년에 출판하게 됨을 매우 기쁘게 생각합니다.

『이화유치원 만 4세 교육과정 운영의 실제』의 1학기 생활주제는 「즐거운 유치원」, 「나」, 「봄」, 「가족」, 「동물」, 「동네와 지역사회」, 「여름」이고, 2학기 생활주제는 「교통기관」, 「우리나라」, 「소비생활」, 「가을」, 「겨울」입니다. 기존 만 4세 교육과정 운영의 실제에서 제시한 생활주제 중 「나와 가족」을 「나」, 「가족」으로 분리했고, 「즐거웠던 여름방학」과 「즐거웠던 겨울방학」을 각각 「여름」과 「겨울」 생활주제로 통합했습니다. 또한 「동네와 지역사회」와 「소비생활」을 새로운 생활주제로 추가했습니다.

『이화유치원 만 4세 교육과정 운영의 실제』는 동일하게 3개의 장으로 구성되어 있습니다. 1장에서는 각 생활주제 선정의 의의와 교육 목표를 소개했습니다. 생활주제에서 다루어야 할 학습 내용을 2~5개의 주제로 구분하고, 주제별로 교육 목표와 내용을 설명했습니다. 2장에서는 교육환경에 대해 소개했습니다. 원내와 교실의 흥미 영역을 교육 내용에 적합하게 구성하는 방법을 설명했고, 사진을 실례로 소개했습니다. 3장에서는 생활주제에 적합한 교육활동을 주제별로 소개했습니다. 교육활동의 전개 방법에서는 유아들이 흥미를 가지고 능동적으로 참여하여 교육 내용을 이해하고 학습할 수 있도록 하기 위해 교사가 만 4세 유아들의 발달 수준, 지식, 경험 등에 적합한 교육적 대화를 어떻게 나누는지를 소개하는 데 중점을 두었습니다. 이 책에 수록된 교육활동을 현장에서 실시할 때 도움이 되도록 교사의 질문 및 언어적 상호작용을 구체적으로 자세하게 기술하였고, 내용을 쉽게 이해할 수 있도록 사진 및 삽화를 수록했습니다. 활동 시 참고할 사항을 Tip으로 제시했고 유의점에 주의해야 할 사항을 설명했습니다. 또한 확장활동 및 관련활동을 제시하여 교육활동들 간의 연계성을 강조했습니다. 부록에는 주간교육계획안과 일일교육계획안의 예시를 수록하여 실제 교육계획안 수립 시 참고할 수 있도록 했습니다.

이화유치원에서는 교육과정의 학습경험 설정 및 효과적 조직에서 요구되는 세 가지 준거—계속성(continuity), 계열성(sequence), 통합성(integraty)—를 갖추고자 지속적인 연구와 노력을 거듭하고 있습니다. 이 책에서는 만 3, 4, 5세 교육과정 간 계속성, 계열성, 통합성에 초점을 맞추어 연구 · 개발된 새로운 생활주제, 주제 및 교육활동들을 소개했습니다. 또한 본 유치원에서 지난 10여 년간 실행해 온 각종 연구들—기본생활습관교육, 소비자교육, 극놀이, 요리활동, 종일반 프로그램, 수학교육, 리더십교육, 언어교육, 동작교육, 문학교육, 전통문화예술교육—을 통해 새롭게 개발된 생활주제, 주제 및 교육활동들을 이 책에 소개했습니다. 기존 『만

4세 어린이를 위한 유치원 교육과정 운영의 실제』에 수록되었던 활동들의 경우, 최근 유아들의 발달적 특성, 요구, 흥미에 적합하게 또한 시대적 변화와 요구에 부응할 수 있도록 수정 · 보완해서 소개했습니다.

그동안 이 책이 출판될 수 있도록 도와주신 여러 분들께 머리 숙여 감사를 드립니다. 먼저 『이화유치원 만 4세 교육과정 운영의 실제』를 함께 집필해 주신 이화유치원 전 · 현직 교사들—오지영, 강은정, 김은수, 김혜전, 이예린, 장정윤—께 감사를 드립니다. 유아교육 발전을 위한 이화유치원의 사명을 완수하기 위해 지난 몇 년간 주말이나 공휴일은 물론이고 방학에도 쉬지 못하면서 이 책의 집필 과정에 참여해 주신 여러 분들의 헌신적 노력은 유아교육의 역사에서 오래 기억될 것입니다. 이 책의 집필 과정에서 여러모로 도움을 주신 이화유치원 전 · 현직 교사들—김수정, 박정민, 박미정, 안예슬—께도 깊은 감사를 드립니다. 또한 이 책을 출판해 주신 (주)교문사 류제동 사장님, 정용섭 부장님을 비롯한 직원 여러 분들께도 진심으로 감사를 드립니다.

끝으로 이 책이 출판될 수 있도록 간접적으로 도와주신 분들께도 감사를 드립니다. 그동안 유아교육을 공부하는 학부생 및 대학원생, 유아교사, 유아교육학자, 유아교육 전문가 및 행정가, 심지어 학부모들께서도 이 책이 언제 출판되는지를 문의하고 출판을 서둘러 주기를 부탁하셨습니다. 『이화유치원 만 3, 4, 5세 교육과정 운영의 실제』를 하루빨리 출판해 달라는 많은 분들의 요청이 저희들에게 든든한 힘과 격려가 되어 주었기에 이 자리를 빌려 감사의 마음을 전하며, 여러분들께서 기대하신 만큼 큰 도움 받으시기를 바랍니다.

2011년 7월 25일

집필진 대표 홍용희

차 례

2. 전통놀이 63

3. 전통예술 95

1 장

생활주제 선정의 의의와 목표

1장

생활주제 선정의 의의와 목표

1. 생활주제 선정

유아들이 우리나라를 사랑하고 우리의 전통문화를 소중히 생각하며 이를 계승 · 발전시키는 능력을 기르게 하기 위해 '우리나라' 생활주제가 선정되었다. 우리나라 생활주제를 통해 유아들이 조상들의 의식주 생활에 관심을 갖고 이해할 수 있도록 한다. 또한 독특한 우리의 전통예술과 전통놀이를 경험해 보고 즐기는 가운데 우리 문화의 아름다움을 느끼고 조상의 슬기와 전통을 이어받아 생활 속에서 우리의 것을 사랑하며 발전시켜 나가려는 마음을 갖도록 하는 데에 '우리나라' 생활주제 선정의 의의를 둔다.

2. 주제 및 목표 선정

'우리나라' 생활주제는 '의식주 생활', '전통놀이', '전통예술', '상징' 으로 구성되었다.

생활 주제	주 제
우리나라	의식주 생활
	전통놀이
	전통예술
	상징

각 주제별 교육 목표 및 교육 내용은 다음과 같다.

주 제	분 류	목표 및 내용
1. 의식주생활	교육 목표	• 옛날부터 전해 내려오는 전통적인 의식주 생활이 있음을 안다. • 전통 의식주 생활에 관심을 갖는다. • 명절과 생활 풍습에 관심을 갖는다.
	교육 내용	유아들이 우리나라 고유의 의식주 생활과 다양한 풍속에 대하여 관심을 갖고 현재의 생활과 연결 지어 생각해 봄으로써 옛날 사람들의 생활 모습을 이해할 수 있도록 한다. 전통의복과 전통음식, 다양한 전통물건에 대해 알아보고, 민속 명절인 추석에 대해 배우며 추석의 풍속을 체험하도록 한다.
2. 전통놀이	교육 목표	• 옛날부터 전해 내려오는 전통놀이가 있음을 안다. • 전통놀이의 방법을 알고 생활 속에서 즐겨 한다. • 전통놀이를 친숙하게 여긴다.
	교육 내용	유아들이 투호놀이, 사방치기, 제기차기 등 다양한 전통놀이에 대해 알고 생활 속에서 놀이를 체험해 보도록 한다. 전통놀이를 하면서 흥겨움을 느끼고 전통문화를 친숙히 여기는 마음을 가질 수 있게 한다. 또한 이화가족 가을놀이마당과 같은 행사에서 가족과 함께 다양한 전통놀이를 할 수 있는 기회를 마련함으로써 일상생활 속에서 전통놀이를 즐겨하는 태도를 기르도록 한다.
3. 전통예술	교육 목표	• 옛날부터 전해 내려오는 전통예술이 있음을 안다. • 다양한 종류의 전통예술에 관심을 갖는다. • 전통예술의 아름다움을 느낀다. • 전통예술에 친숙함을 느낀다. • 전통예술을 소중히 여긴다.
	교육 내용	유아들이 다양한 전통예술을 경험함으로써 전통예술의 아름다움을 느낄 수 있도록 한다. 또한 색동과 같이 일상에서 쉽게 찾아볼 수 있는 전통문화를 주제로 교육내용을 심화할 수 있다. 유아들이 색동의 의미를 알고, 아름다움을 느끼며 다양한 방법으로 색동을 표현함으로써 전통예술을 계승하고 재창조할 수 있는 능력과 태도를 기르도록 한다.
4. 상징	교육 목표	• 우리나라의 이름을 안다. • 우리나라를 상징하는 것들(예: 태극기, 애국가, 무궁화 등)에 대해 안다. • 우리나라를 상징하는 것들을 소중하게 다룬다.
	교육 내용	유아들이 태극기, 애국가, 무궁화, 한글 등 우리나라를 상징하는 것들에 대해 배우도록 교육 내용을 구성한다. 유아들이 우리나라를 상징하는 것에 우리 민족이 가치롭게 생각하는 덕목과 좋은 뜻이 담겨 있음을 알고, 상징물을 대할 때 가져야 할 바른 태도에 대해서도 학습할 수 있도록 한다.

2장

환경 구성

2장

환경 구성

1. 실내 환경 : 현관, 복도

1) 게시판

현관 게시판에 '우리나라' 생활주제가 실시되는 달의 각종 교육활동과 이와 관련된 안내사항을 게시한다. 이화가족 가을놀이마당, 송편 빚기 등의 교육활동을 소개하고 추석, 개천절 등의 명절 및 공휴일을 안내한다. 유아들의 작품을 활용하여 추석 명절을 주제로 달 밝은 밤 한복을 입은 사람들이 강강술래를 하는 장면으로 게시판을 꾸민다. 또한 급 · 간식 식재료의 원산지를 매일 게시한다.

9월 유치원 현관 게시판

2) 복도 벽면

복도에 우리나라의 전통물건(예: 한복, 복주머니, 꽃신, 고무신, 나막신, 갓, 복조리, 체, 붓, 벼루, 연적 등)을 전시하고 벽면에 관련 자료를 게시한다. 각 학급 유아들이 가정에서 소장하고 있는 우리나라 전통물건을 유치원에 가지고 온 경우 학급에서 소개한 후 복도에 전시하여 전원아가 함께 감상하도록 한다.

우리나라 물건 전시

또한 생활주제를 전개하면서 실시한 이화가족 가을놀이마당, 팔복동산 등산, 박물관 현장학습과 같은 유치원 교육활동 사진을 게시하여 유아들이 친구들과의 경험을 회상하게 한다. 우리나라의 고유 명절인 '추석' 에 대해 각 학급 유아들이 조사한 내용(예: 음식, 놀이, 풍습 등)을 복도 벽면에 함께 전시하여 다른 학급 유아들과 추석에 대한 정보를 공유할 수 있도록 한다.

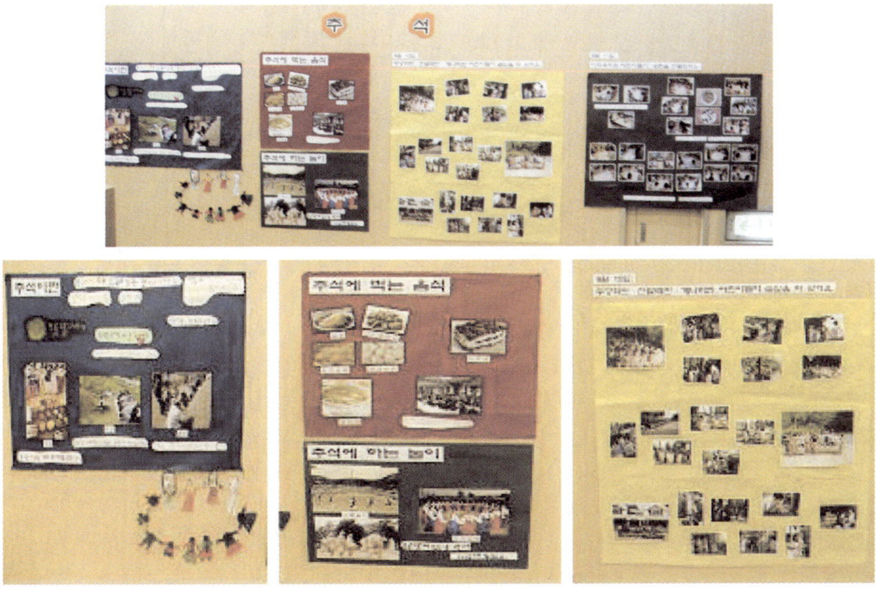

추석에 대해 조사한 내용과 관련활동 사진

3) 복도 영역

복도 영역에는 유아들이 실내에서 즐길 수 있는 전통놀이(예: 공기놀이, 윷놀이 등)를 준비하여 여러 학급 유아들이 어울려 놀이할 수 있도록 한다. 바닥에는 카펫을 깔아 소음을 줄이고, 유아들이 편안한 분위기에서 놀이하도록 한다. 복도 영역의 벽면에는 놀이 방법과 유래에 대한 자료를 게시한다.

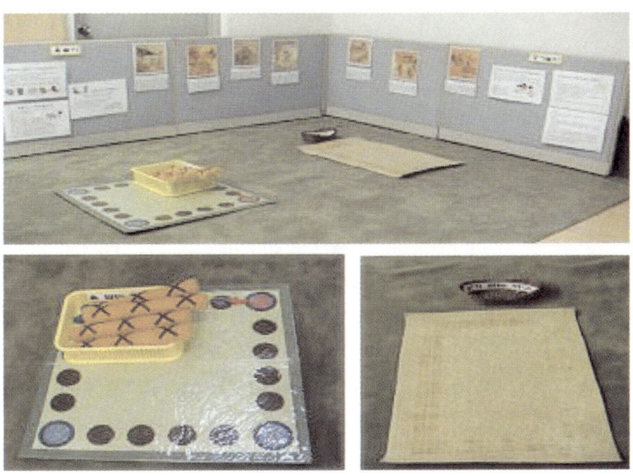

전통놀이

2. 실내 환경 : 교실

- 생활주제 : 우리나라
- ○○○반 흥미 영역 배치도 ○○○○학년도 ○월 ○주 ~ ○월 ○주

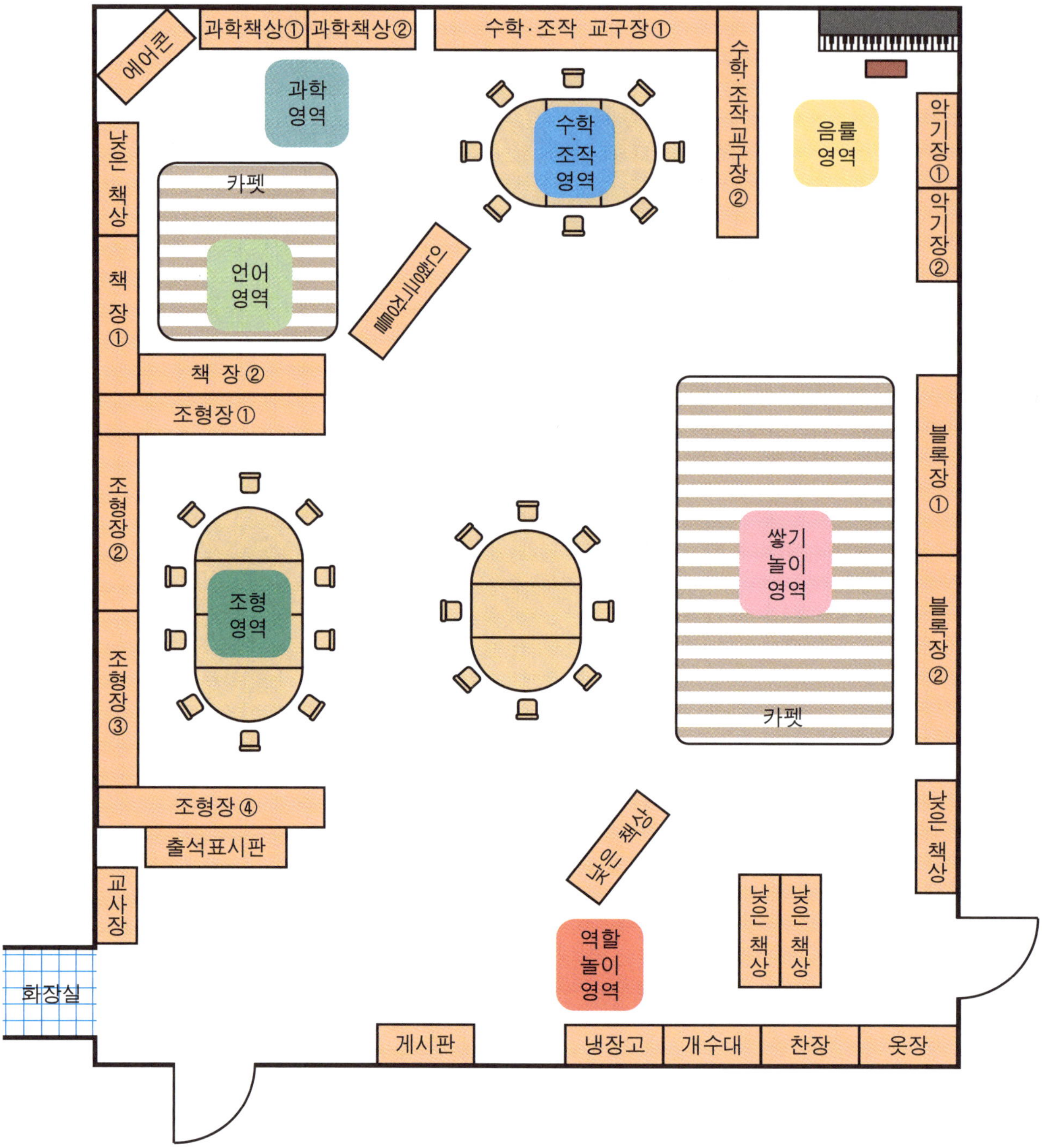

1) 교실 벽면

(1) 출석 표시판

전통가옥(예: 초가집, 기와집 등)을 배경으로 출석 표시판을 만들고 유아들이 조형 작품(예: 한복, 색동저고리 등)을 출석표시 그림으로 사용한다. 또는 전래동화(예: 팥죽할머니와 호랑이, 흥부 놀부 등)의 장면을 출석 표시판 배경으로 사용하고 동화 장면에 어울리는 유아의 그림을 출석표시 그림으로 사용한다.

'우리나라' 생활주제 출석 표시판

(2) 벽면 전시

교실 벽면에 우리나라 전통문화(예: 전통가옥, 전통악기 등), 우리나라의 상징(예: 태극기, 무궁화 등)에 관련된 그림이나 사진, 화보 등을 게시한다. 유아들의 조형 작품(예: 색동 구성하기, 전통 물건 종이판화 등)을 전시한다.

2) 흥미 영역

(1) 언어 영역

① 읽기 영역

우리나라의 전통 의식주 생활, 전통놀이와 전통예술, 상징 등에 대한 그림책, 추석과 같은 고유 명절과 관련된 그림책, 유아들이 현장학습을 갔었던 장소의 안내 책자 등을 제공한다.

② 말하기 영역

'우리나라' 생활주제에서 실시했던 동화 자료(예: 전통가옥 그림자극 자료, '맛있는 떡 사세요' 테이블 동화 자료, '빨간색을 나누어 준 색동저고리' 융판 동화 자료 등)를 제시하여 유아들이 동화를 회상하거나 이야기를 새롭게 구성해 볼 수 있도록 한다. 교사와 유아가 함께 전래동화(예: 해와 달이 된 오누이, 동물들의 풍물놀이 등)를 녹음하고 그림 자료와 함께 제시하면 유아들이 녹음 자료를 이용하여 인형극을 해볼 수 있다.

언어 영역 전경

(2) 쌓기 놀이 영역

유아들이 우리나라 전통가옥의 특징을 살려 구성해 보도록 다양한 블록(예: 종이벽돌블록, 색동블록, 단청블록 등)을 제공한다. 또한 블록으로 가옥을 완성한 후 상상 놀이를 할 수 있도록 인형, 모형 가마 등 소품을 제시하고, 벽면에는 우리나라의 전통건축물 및 의식주 생활 등과 관련된 사진을 게시한다.

쌓기 놀이 영역 전경

(3) 역할 놀이 영역

유아들이 우리나라 전통문화에 친숙함을 느낄 수 있도록 기존의 역할 놀이 영역에 제시한 물건들을 전통물건(예: 한복, 고무신, 꽃신, 아얌, 복건, 댕기, 복주머니 등)으로 교체하거나 첨가한다.

서랍장, 화장대, 옷장 등의 가구에 전통문양 띠를 두르거나 조각보를 깔아 장식한다. 또한 유아들과 함께 전통부엌 놀이를 할 수 있도록 역할 놀이 영역을 구성한다. 전통부엌에서 사용했던 물건 모형이나 실물(예: 아궁이, 가마솥, 놋그릇, 항아리, 밥상 등)을 배치하고 벽면에는 전통부엌 사진 자료와 옛날 우리나라 사람들의 생활 모습 화보를 게시한다.

역할 놀이 영역 전경

(4) 수학 · 조작 영역

우리나라의 의식주 생활, 전통놀이, 전통예술, 상징과 관련된 수학 · 조작 교구(예: 민화 조각그림 맞추기, 윷놀이하기, 그림자 보고 알맞은 전통 물건 놓기, 사물악기와 채 연결하기, 태극기 · 무궁화 글자 맞추기 등)를 제시하여 유아들이 수학적 사고능력을 기를 수 있도록 구성한다.

수학 · 조작 영역 교구장

(5) 과학 영역

달의 모습 변화, 물레방아, 색동과 관련된 사진이나 화보를 과학 영역에 벽면에 게시하고 이와 관련된 교재와 교구를 제시한다. 예를 들어, 유아들이 물레방아 돌리기 활동을 할 수 있도록 투명한 플라스틱 수조 안에 모형 물레방아를 놓고 다양한 크기의 스포이드와 주사기를 제시한다. 유아들은 스포이드와 주사기를 사용하여 물레방아에 물을 부으며 물레방아가 움직이는 원리에 대해 알아볼 수 있다.

또한 유아들이 빛상자(Light Box)와 OHP필름의 성질을 이용해 색동 패턴을 만들어 볼 수 있도록 과학 영역을 구성한다. 유아들은 빛상자(Light Box) 위에 OHP필름으로 만든 투명한 색깔 막대를 배열하거나 겹친 후 저고리나 보자기 모양 틀을 덮어 색동저고리, 색동보자기를 만들며 놀이할 수 있다. 이를 통해 유아들이 다양한 형태의 패턴을 구성하고 색의 혼합 결과를 관찰하도록 한다.

색동 패턴 만들기

(6) 조형 영역

조형활동에 필요한 기본적인 자료(예: 색연필, 사인펜, 네임펜, 매직펜, 크레파스, 셀로판테이프, 풀, 안전가위, 도화지, 재활용품 등)뿐만 아니라, '우리나라' 생활주제와 관련하여 실시한 조형활동(예: 전통무늬 모빌 만들기, 색동저고리 만들기, 태극기 만들기 등) 자료들을 제시하여 유아들이 자유롭게 사용할 수 있도록 한다. 또한 색한지, 조각 한복 천, 전통물건이 소개된 잡지, 화선지와 먹물, 붓 등을 추가로 제공한다.

조형 영역 전경 및 교구장

(7) 음률 영역

음률 영역 교구장에 소고, 장구, 조롱박으로 만든 마라카스, 조리와 소쿠리로 만든 방울악기 등을 제공한다. 카세트테이프(CD) 플레이어와 '우리나라' 생활주제 관련 음악 카세트테이프(CD)를 비치하여 유아들이 음악을 듣고 노래를 부르거나 악기를 연주하며, 전통가락의 흥겨움을 느낄 수 있도록 한다. 국악기(예: 가야금, 거문고, 대금, 북, 징, 장구 등) 소리 자료와 그림카드를 제시하여 유아들이 악기 소리를 듣고 알맞은 그림카드를 찾아보도록 한다.

음률 영역 교구장

3장

활 동

1. 의식주 생활
2. 전통놀이
3. 전통예술
4. 상징

★ 주제별 활동 목록

구 분		의식주 생활	전통놀이	전통예술	상징
자유 선택 활동	쌓기 놀이 영역			탑 쌓기	
	역할 놀이 영역	전통부엌 놀이하기			
	언어 영역	전통가옥 그림자극 놀이			태극기 · 무궁화 글자맞추기
	수학 · 조작 영역		윷놀이하기	조각보 만들기 사물악기와 채 연결하기	
	과학 영역	물레방아 돌리기		색동 패턴 만들기	
	조형 영역	전통물건 종이판화 복주머니 만들기 병풍 만들기 점토로 떡 만들기	사자탈 만들기 고깔 만들기 우리나라 탈 공판화	색동저고리 만들기 전통문양 모빌 만들기	태극기 만들기
	음률 영역			사물악기 연주하기	
	실외 영역		투호		
대소 집단 활동	이야기나누기	옛날 물건과 오늘날 물건 한복 추석	민속놀이 이화가족 가을놀이마당	색동 사물악기	우리나라를 나타내는 것
	동화 · 동극 · 동시	고맙다(동시) 내 댕기를 찾아 주세요(동극) 맛있는 떡 사세요(동극) 초승달(동시)	무동이의 팽이(동극) 제기 제기 발로 차자(동시)	빨간색을 나누어 준 색동저고리(동극) 풍물놀이(음악동화)	
	노래 · 음악감상 · 악기연주	물레방아(노래) 송편(노래)	응원가(노래)		태극기(노래) 무궁화(노래)
	율동		사자춤 소고춤		
	신체	한복 전달해서 입기(게임) 조롱박 따기(게임) 조리로 쌀 나르기(게임)	사방치기판 건너 돌아오기(게임) 소고 치고 전달하기(게임)	색동저고리 완성하기(게임) 색동 만들기(게임)	태극기 돌아오기(게임)
	수학	옛날 물건 분류하기			
	과학	송편소 만들기 송편 빚기	호박전 만들기		
	사회				한글날

※ 본 교재에 수록된 활동은 만 4세 '우리나라' 생활주제에서 실시하고 있는 교육활동 중 일부만 소개된 것입니다.

1. 의식주 생활

옛날 물건과 오늘날 물건 / 고맙다 / 전통물건 종이판화 / 옛날 물건 분류하기 / 한복 / 한복 전달해서 입기 / 내 댕기를 찾아 주세요 / 복주머니 만들기 / 전통가옥 그림자극 놀이 / 조롱박 따기 / 병풍 만들기 / 전통부엌 놀이하기 / 조리로 쌀 나르기 / 점토로 떡 만들기 / 맛있는 떡 사세요 / 물레방아 / 물레방아 돌리기 / 추석 / 초승달 / 송편소 만들기 / 송편 빚기 / 송편

활동 1

옛날 물건과 오늘날 물건

집단형태

중집단활동(약 15명)

활동유형

이야기나누기

활동자료

실물 자료(붓–연필, 등잔불–스탠드, 인두–다리미, 갓–모자, 짚신–구두, 버선–양말, 가마(모형)–자동차(모형), 부채–선풍기)TIP , 낮은 책상

실물활동자료 예

TIP 실물자료가 없을 경우 사진이나 그림카드를 사용한다.

'옛날 물건과 오늘날 물건' 이야기나누기

갓과 모자 써보기

활동목표

- 우리나라 전통물건의 종류와 쓰임새를 안다.
- 전통물건과 현대물건의 용도에 따라 짝지을 수 있다.

활동방법

○ 배운 노래를 부르면서 유아들과 반원 대형으로 모여 앉는다.

○ 물건을 하나씩 낮은 책상에 올려놓고 옛날 물건과 오늘날 물건을 비교한다.

① 갓–모자

- (갓을 보여주며) 이것은 무엇일까요? 어떻게 사용하는 것일까요?
- 이것은 '갓' 이라고 해요. 옛날 사람(남자 어른)들은 외출 시 머리에 갓을 썼어요.
- 요즘에도 갓을 쓰나요? 갓 대신 어떤 것을 쓰나요?
  - 모자
- 누가 나와서 갓과 모자를 써 볼까요?

② 짚신–구두/운동화

- 이것은 옛날 사람들이 신었던 신발이에요. 신발의 이름을 알고 있나요?
  - 짚신
- 우리 조상들은 벼에서 쌀을 떨어내고 난 짚을 버리지 않고 꼬아서 신발을 만들어 신었어요.
- 누가 나와서 짚신을 찾아서 신어 볼까요? 짚신을 신고 걸어 보세요. 어떤 느낌인가요?
- 짚신을 오래 신으면 짚이 해졌어요. 그래서 요즘에는 더 튼튼한 신발을 만들었어요. 요즘에는 짚신 대신 무엇을 신나요?
  - 구두, 운동화

③ 버선–양말

- (버선을 보여주며) 이것은 무엇일까요? 어떻게 사용하는 것일까요?
  - 버선
- 버선은 발을 보호하기 위해 신어요.
- 버선이 어떻게 생겼나요?
  - 끝 부분이 뾰족하다. 이 부분을 '버선코' 라고 한다.
  - 반대쪽 부분은 둥글다.

- 누가 나와서 버선을 신어 볼까요? 버선을 신고 걸어 보세요. 어떤 느낌인가요?
- 버선은 잘 늘어나지 않는 천으로 만들었기 때문에 오래 신으면 발이 답답한 느낌이 들기도 해요.
- 요즘에는 버선 대신 무엇을 신나요?
  - 양말
- 모두 양말을 신었나요? 느낌이 어떤가요?
  - 잘 늘어나는 천으로 만들어서 신었을 때 편안한 느낌이 든다.

④ 부채–선풍기/에어컨

- (부채를 보여주며) 이것은 무엇일까요?
  - 부채
- 부채는 무엇에 쓰는 물건인가요?
  - 더울 때 시원한 바람을 만들기 위해 부채를 부친다.
- 누가 나와서 친구들에게 부채를 부쳐 줄 사람 있나요?
- 부채를 오래 부치면 팔이 어떨까요?
  - 팔을 계속 움직여야 하므로 팔이 아프다.
- 요즘에는 더울 때 부채 대신 무엇을 사용하나요?
  - 선풍기나 에어컨을 튼다.
- 선풍기, 에어컨은 어떤 힘으로 작동하나요?
  - 전기의 힘으로 작동한다.

○ 위와 같은 방법으로 준비한 물건들의 이름과 쓰임에 대하여 이야기 나눈다.

유의점

- 옛날 물건과 요즘 물건을 단순히 분류하거나 이름만을 소개하기보다는 각각의 기능을 이해하고, 옛날 물건이 어떻게 바뀌어 왔는지에 대해 생각하도록 한다. 옛날 물건을 살펴보면서 재료 및 제작 방법, 사용법에 있어서 우리 조상들의 지혜와 슬기가 깃들어 있음을 알 수 있도록 한다.
- 본 활동은 내용의 양과 유아들의 흥미 및 반응 정도에 따라 2~3차시로 나누어 활동할 수 있다. 특정 전통물건에 대한 흥미가 클 경우 이를 심도 있게 알아보는 활동을 실시한다.
- 활동을 하기 전에 유아들이 옛날 물건을 접해볼 수 있도록 교실에 전시해 주도록 한다.

관련활동

- 수학 '옛날 물건 분류하기' (23쪽 참고)
- 조형 영역 '전통물건 종이판화' (22쪽 참고)
- 동시 '고맙다' (20쪽 참고)

활 동
2 고맙다

집단형태

대집단활동

활동유형

동시

활동자료

그림동시자료 TIP 1, 게시판

'고맙다' 동시자료

TIP 그림동시자료를 사용할 수도 있고, 물건을 사용하는 모습을 볼 수 있도록 실물자료를 사용하는 것도 좋다.

활동목표

- 우리나라 전통물건의 종류와 쓰임새를 안다.
- 반복된 구절을 낭송하며 운율을 느낀다.

활동방법

○ 동시에 나오는 옛날 물건 중 몇 가지를 수수께끼로 낸다.

- 옛날 사람들이 사용했던 물건들로 수수께끼를 낼 테니 알아맞혀 보세요. "나는 옛날 우리나라 사람들이 썼던 물건이에요. 쌀이나 보리 같은 곡식을 넣으면 고운 가루로 빻아 주지요. 나는 무엇일까요?"
  - 절구
- "나도 옛날 우리나라 사람들이 썼던 물건이에요. 나는 발을 보호해 줘요. 요즘에는 사람들이 나 대신 양말을 신어요. 나는 무엇일까요?"
  - 버선

○ '고맙다' 동시를 소개한다.

- 옛날 우리나라 사람들이 썼던 물건들에게 고맙다고 인사하는 내용의 동시가 있어요.

○ 교사가 '고맙다' 동시를 낭송한다.

○ 그림 자료를 보며 동시의 내용에 대해 이야기 나눈다.

- 절구에게 왜 고맙다고 말했나요?
  - 보리를 찧어 주었기 때문이다.
- 조리에게는 왜 고맙다고 말했나요?
  - 쌀을 일어 주었기 때문이다.
- 조리는 쌀을 일어 돌을 걸러 내는 데 쓰는 거예요. 쌀을 물에 담그고 한 방향으로 일면 쌀알은 떠오르면서 조리 안에 담기고, 돌은 바닥에 가라앉아요.
- 참빗은 무엇을 해주어서 고맙다고 했나요?
  - 머리를 빗어 주었기 때문이다.
- 댕기에게는 왜 고맙다고 이야기했나요?
  - 머리를 묶어 주었기 때문이다.
- 버선은 무엇을 해주어서 고맙나요?

• 발을 따뜻하게 해주었기 때문이다.

○ 교사가 다시 한 번 동시를 낭송한다.

○ 교사와 유아가 동시를 나누어서 낭송한다.

■ 선생님과 ○○○반 어린이들이 동시를 나누어서 낭송해 볼 거예요. ○○○반 어린이들이 '고맙다 고맙다' 부분을 낭송하면 나머지 부분은 선생님이 낭송할게요.

○ 교사와 유아가 다 같이 동시를 낭송한다.

○ 동시의 내용을 바꾸어 낭송한다.

■ 옛날부터 우리나라 사람들이 사용하던 물건 중에서 또 어떤 물건에게 고맙다고 이야기할 수 있을까요?

• 나막신

■ 왜 고마운가요?

• 비오는 날 발이 젖지 않게 해주어서 고맙다.

■ 또 어떤 물건이 있나요?

관련활동

■ 이야기나누기 '옛날 물건과 오늘날 물건' (18쪽 참고)
■ 조형 영역 '전통물건 종이판화' (22쪽 참고)
■ 동극 '내 댕기를 찾아 주세요' (28쪽 참고)
■ 신체(게임) '조리로 쌀 나르기' (40쪽 참고)
■ 수학 '옛날 물건 분류하기' (23쪽 참고)

동 시

고 맙 다

보리를 찧는 절구야
고맙다 고맙다

쌀을 이는 조리야
고맙다 고맙다

머리를 빗는 참빗아
고맙다 고맙다

머리를 묶어 주는 댕기야
고맙다 고맙다

발을 따뜻하게 해주는 버선아
고맙다 고맙다

활동 3 전통물건 종이판화

집단형태

자유선택활동

활동유형

조형 영역

활동자료

우리나라 전통물건 판화판(예: 버선, 한복, 태극선, 조롱박, 초가집, 장독, 탈, 연 등), 종이, 신문지, 물감(3~4가지 색), 부직포를 깐 물감 접시, 색깔 표시가 된 롤러나 스펀지 붓, 색연필, 작업 순서도

판화판의 예

TIP 1 판화판 밑에 신문지를 깔아 두면 롤러로 물감을 묻힐 때 작업보에 물감이 묻지 않아 신문지를 새것으로 교체하는 것만으로도 다음 유아가 깨끗한 환경에서 작업을 시작할 수 있다.

TIP 2 판화판, 롤러, 물감의 색을 동일하게 하여 물감 색이 섞여 혼탁해지는 것을 막도록 한다. 물감을 너무 많이 묻힐 경우 그림이 선명하게 찍히지 않으므로 물감의 양을 조절할 수 있도록 지도한다.

활동목표

- 우리나라 전통 물건의 명칭과 기능을 안다.
- 전통문화에 친숙해지고 관심을 갖는다.
- 판화의 원리와 기법을 알고 판화를 찍는다.

활동방법

○ 조형 재료를 살펴보며 판화의 원리와 방법을 이야기한다.
- 조형 책상에 무엇이 있나요?
  - 판화판, 물감, 찍어 낼 종이, 롤러 등
- 판화판에는 어떤 모양이 있나요?
  - 버선, 한복, 태극선, 조롱박, 초가집, 장독, 탈, 연 등
- 판화판에 있는 모양을 종이에 찍어내려고 해요. 어떻게 하면 될까요?
  - 판화판에 롤러나 스펀지 붓으로 물감을 묻힌 후 종이를 덮어 찍어낸다.

○ 판화를 찍어낼 종이 뒷면에 이름을 쓴다.

○ 신문지를 깔고 그 위에 원하는 모양의 판화 틀을 올려놓는다. **TIP 1**

○ 롤러에 물감을 묻혀 판화 틀 위에 골고루 칠한다. 물감의 색은 판화 틀에 표시해 놓은 색깔과 동일하게 한다. **TIP 2**

○ 물감이 마르기 전에 종이를 판화 틀 위에 놓고 손바닥으로 골고루 문지른다. 종이를 덮을 때는 이름을 쓴 면이 위로 오게 한다.

○ 판화 틀의 그림이 종이에 잘 찍혀 나왔는지 살펴본다.

○ 다 찍은 작품은 건조대 위에 올려놓아 말린다.

유의점

- 판화판을 첫날 모두 제시하지 않고 활동이 이루어지는 동안 몇 개씩 바꾸어 가며 제시하며 활동이 이루어지는 동안 물감의 색도 여러 가지 색으로 바꾸어 제시하도록 한다.

관련활동

- 이야기나누기 '옛날 물건과 오늘날 물건' (18쪽 참고)
- 수학 '옛날 물건 분류하기' (23쪽 참고)

활동 4 옛날 물건 분류하기

활동목표

- 옛날 물건들의 생김새와 기능을 안다.
- 다양한 기준으로 사물을 분류한다.

활동방법

○ 옛날 물건 그림 자료를 살펴보며 각 물건의 이름과 기능을 이야기 나눈다.

- 이것의 이름은 무엇인가요?
- 이것은 무엇을 할 때 사용하는 것인가요?
- 이것은 집 안 어디에서 볼 수 있나요?

○ 활동 방법을 소개한다.

- 여기 있는 물건들 중에서 절구, 조리, 가마솥, 소쿠리를 꺼내어 볼게요. 이 물건들에는 같은 점이 있어요.
  - 부엌에서 음식을 만들거나 담을 때 사용하는 물건이다.
- 같은 점을 갖고 있는 물건들끼리 모아 볼 거예요.

○ 다양한 기준으로 물건을 분류한다.

- 또 어떻게 모아 볼 수 있을까요?
  - 몸에 지니고 다니는 물건
  - 남자/여자가 사용하는 물건
  - 방/부엌에 두고 사용하는 물건
  - 불을 사용하는 물건

○ 분류 기준을 유추하고 기준에 맞는 옛날 물건들을 더 생각해 본다.

- 이 물건들(예 : 호롱불, 붓, 장롱 등)은 왜 한데 모였을까요?
  - 방에 두고 사용하는 물건들이다.
- 또 어떤 물건을 방 안에 두고 사용할까요?
  - 벼루, 화선지 등

관련활동

- 이야기나누기 '옛날 물건과 오늘날 물건' (18쪽 참고)

집단형태

대집단활동

활동유형

수학

활동자료

옛날 물건 그림자료(예: 엽전, 갓, 절구, 조리, 짚신, 족두리, 호롱불, 가마솥, 소쿠리, 붓, 장롱 등), 게시판, A7 크기 종이, 매직펜

활동 5 한복

집단형태

대집단활동

활동유형

이야기나누기

활동자료

한복(남아용, 여아용), 다양한 한복 사진(예: 전통한복, 개량한복 등), 한복 입고 생활하는 그림이나 사진

TIP 1 추석 전후로 유치원에 한복 입고 오는 주간을 정하여 유아들이 우리나라 전통의복인 한복을 입어보도록 권한다. 한복 입고 온 첫날에 본 활동을 실시한다.

TIP 2 치마, 바지, 저고리 외에 다른 형태의 한복이나 장신구를 하고 온 유아가 있다면 그에 대하여 이야기 나눈다(예: 댕기, 조바위, 당의 등).

활동목표

- 한복은 우리나라 전통의상임을 알고 친숙해진다.
- 한복의 아름다움을 감상하며 심미감을 기른다.

활동방법

○ 유치원에 한복을 입고 온 날, 대집단으로 모여 앉아 이야기를 나눈다. TIP 1

- 오늘은 유치원에 무엇을 입고 왔나요?
  - 한복
- 한복은 어떤 옷인가요?
  - 옛날에 우리나라 사람들이 입었던 우리나라 옷이다.

○ 한복을 입은 느낌에 대하여 이야기 나눈다.

- 한복을 입고 오니 어떤 느낌이 드나요?
  - 한복을 입은 모습이 예쁘다.
  - 옛날 사람이 된 것 같다.
- 힘든 점도 있나요? 어떤 점이 힘든가요?
  - 계단을 올라갈 때 치마를 밟았다.
  - 덥다.

○ 남자, 여자 한복에 대하여 이야기 나눈다.

- (한복을 입은 남자 어린이 한 명을 앞으로 나오게 한 후) 남자 한복은 바지와 저고리로 되어 있어서 '바지저고리'라고도 불러요.
- 저고리 위에 조끼와 마고자를 입어요.
- (한복을 입은 여자 어린이 한 명을 앞으로 나오게 한 후) 여자 한복은 치마와 저고리로 되어 있어서 '치마저고리'라고도 불러요.

○ 한복 각 부분의 명칭을 알아본다. TIP 2

- 한복 소매는 어떻게 생겼나요?
  - 아랫부분이 둥그렇다.
- (고름을 가리키며) 저고리를 여미는 끈은 뭐라고 부르는지 아나요?
  - 고름
- 고름은 이렇게 매는 거예요. (고름 맨 모습을 보여주며) 어떤 모양인가요?
  - 리본이 한쪽만 있는 모양이다.

• 어린이용 한복은 고름이 매어져 있는 것도 있다.

■ (대님을 가리키며) 남자들은 바지 끝을 접어서 '대님' 이라는 끈으로 묶어 발목에 고정해요.

■ 요즘 남자 어린이들이 입는 한복은 바지를 입기 쉽도록 (바지 밑단을 가리키며) 대님이 끈이 아닌 단추로 만들어져 있기도 해요.

○ 한복의 다양성과 소중함에 대하여 이야기 나눈다.

■ (한복 입고 생활하는 그림을 보여주며) 옛날 사람들은 한복을 매일 입고 살았어요. 요즘에는 언제 한복을 입나요?

• 명절, 특별한 날(예: 생일, 결혼식 등)

■ (다양한 형태의 한복 사진을 살펴보며) 요즘에는 한복을 새로운 모양으로 만들어서 입기도 해요.

■ 우리의 한복에 대해 어떤 마음을 가져야 할까요?

• 아끼고 소중히 여긴다.

• 자랑스럽게 생각한다.

■ 한복을 입었을 때에는 어떻게 지내야 할까요?

• 치마를 밟지 않게 조심한다.

• 옷고름이 풀려졌나 살펴본다.

• 소매자락에 음식물이 묻지 않게 주의한다.

• 한복을 입고 바르게 행동한다.

• 한복을 아끼고 소중하게 여긴다.

관련활동

■ 이야기나누기 '색동' (96쪽 참고)

■ 동극 '내 댕기를 찾아 주세요' (28쪽 참고)

■ 동극 '빨간색을 나누어 준 색동저고리' (100쪽 참고)

■ 신체(게임) '색동저고리 완성하기' (104쪽 참고)

■ 신체(게임) '한복 전달해서 입기' (26쪽 참고)

남자 한복 살펴보기

여자 한복 살펴보기

활동 6

한복 전달해서 입기

집단형태
대집단활동

활동유형
신체(게임)

활동자료
출발 표시, 남녀 한복 각 2벌(남자 어린이 한복-저고리, 바지, 조끼, 복건 / 여자 어린이 한복-저고리, 치마, 조끼, 아얌 또는 조바위), 바구니 2개, 신호악기

활동대형
편대형

TIP 이 게임은 한복의 명칭과 한복을 입는 순서를 알아야 하기 때문에 '한복' 이야기나누기 활동 후 실시하는 것이 효과적이다.

활동목표

- 한복의 종류와 명칭을 안다.
- 한복 입는 방법을 익힌다.
- 친구들과 협력하는 태도를 기른다.

활동방법

○ '한복' 이야기나누기를 회상한다. TIP

- 남자 어린이와 여자 어린이 한복이 한 벌씩 있어요.
  - 남자 어린이 한복: 저고리, 바지, 조끼, 복건
  - 여자 어린이 한복: 저고리, 치마, 조끼, 아얌(또는 조바위)

○ 게임 방법에 대해 이야기 나눈다.

- 선생님이 출발 신호를 하면 처음에 앉은 사람이 바구니에 담긴 한복을 순서대로 하나씩 꺼내어 옆으로 전달하는 거예요.
- 마지막 사람은 전달받은 한복을 직접 입어요.
- 전달받은 한복을 모두 입으면 선생님이 있는 곳까지 달려와요. 선생님과 먼저 악수하는 편이 이기는 게임이에요.

○ 연습 게임을 한다.

- 연습 게임으로 물건을 한 가지만 전달해 봅시다.

○ 게임 시 지켜야 할 규칙에 대해 이야기한다.

- 한복을 순서대로 전달해야 마지막에 앉은 사람이 잘 입을 수 있어요. 어떤 순서로 전달해야 하나요?
  - 남자 어린이 한복: 바지 → 저고리 → 조끼 → 복건
  - 여자 어린이 한복: 치마 → 저고리 → 조끼 → 아얌(또는 조바위)
- 게임을 할 때 어떤 규칙을 지켜야 할까요?
  - 바로 옆에 앉은 사람에게 물건을 전달해야 한다.
  - 한 번에 한 가지 물건만 전달해야 한다.

○ 게임을 한다.

- 첫 번째 게임은 여자(또는 남자) 어린이 한복으로 할 거예요. 각 편의 여자 어린이들 중에서 마지막에 한복을 입고 싶은 사람은 손을 드세요.

■ (첫 번째 게임이 끝난 후) 두 번째 게임에서는 남자 어린이가 한복을 입어 볼 거예요.

○ 게임을 평가한다.

■ 어느 편이 먼저 들어왔나요? 한복을 바르게 입었나요?

• 이번 게임은 먼저 들어온 ○○편이 이겼어요.

■ ○○편에게 게임을 잘 해주었다고 박수쳐 줍시다.

■ △△편도 열심히 게임했다고 박수쳐 주세요.

○ 유아들과 함께 게임자료를 정리한다.

유의점

■ 유아들이 한복 입는 방법에 익숙하지 않으므로 한복 입는 과정을 교사가 도와준다. 게임을 평가할 때 한복을 바르게 입었는지 평가한다.

관련활동

■ 이야기나누기 '한복' (24쪽 참고)

한복 전달해서 입기

활동 7

내 댕기를 찾아 주세요

집단형태

대집단활동

활동유형

동극

활동자료

테이블 동화자료, 낮은 책상, 동극자료(댕기, 부채, 갓, 참빗) TIP

'내 댕기를 찾아 주세요' 동화자료

TIP 유아들이 전통물건의 생김새와 쓰임새를 알 수 있도록 실물 자료를 사용하는 것이 효과적이다.

동화 듣기

활동목표

- 전통물건의 종류와 쓰임새를 안다
- 동화의 내용을 이해하고 극으로 표현한다.
- 동극을 관람하는 바른 태도를 기른다.

활동방법

○ 동화를 듣고 난 뒤 동극을 할 것임을 알려준다.

- 동화를 듣고 동극을 하는 데 필요한 사항을 당부한다.
  - 어떤 등장인물이 나와서 어떤 말을 하는지 기억하면서 듣는다.
  - 동극을 하기 위해서는 어떤 준비물과 무대가 필요할지 생각하면서 듣는다.

○ '내 댕기를 찾아 주세요' 테이블 동화를 들려준다.

○ 유아들과 동화 내용과 대사를 회상한다.

- 달님이는 댕기를 머리에 매고 무엇이라고 말했나요?
  - 정말 예쁜 댕기다. 아주 마음에 들어.
- 댕기가 바람에 날아가자 뭐라고 했나요?
  - 어어~ 내 댕기를 돌려줘!
- 달님이가 없어진 댕기를 찾고 있을 때 누가 왔나요?
  - 토끼가 왔다.
- 토끼가 부채질을 하면서 뛰어오는 모습을 앞에 나와서 보여줄 사람이 있나요?
- ○○○반 어린이들이 달님이가 되어서 이야기하면, 선생님이 토끼가 되어서 이야기할게요.
- 토끼가 가고 난 뒤에 누가 왔나요?
  - 여우가 왔다.
- 여우는 무엇을 쓰고 왔나요?
  - 갓을 쓰고 왔다.
- 이번에는 선생님이 달님이가 되어서 이야기할게요. ○○○반 어린이들이 여우가 되어서 이야기해 보세요.
- 그 다음엔 곰이 무엇을 들고 왔나요?
  - 참빗을 들고 왔다.

■ 여자 어린이들이 달님이가 되고, 남자 어린이들이 곰이 되어서 이야기해 보세요.

■ 마지막으로 누가 왔나요?

• 호랑이가 왔다.

■ 남자 어린이들이 달님이가 되고, 여자 어린이들이 호랑이가 되어서 이야기해 보세요.

○ 동극 무대 꾸미기에 대해 의논하고 무대를 꾸민다.

■ 동극에 어떤 곳이 나왔나요?

• 숲 속

• 달님이가 걷는 길

■ 숲 속 길은 어떻게 꾸며 줄까요?

• 초록색 블록으로 풀을 만들어 숲을 꾸민다.

• 종이벽돌블록을 옆으로 나란히 놓아 길을 만든다.

○ 동극의 소품을 준비한다.

■ 동극에 어떤 물건이 필요한가요?

• 댕기, 부채, 갓, 참빗

■ 댕기(부채, 갓, 참빗)는 무엇으로 할까요?

○ 동극의 배역을 정한다.

■ 동화에 누가 나왔나요?

• 달님이, 토끼, 여우, 곰, 호랑이

■ 바람이 달님이의 댕기를 가져가는 부분은 어떻게 할까요?

• 선생님이 댕기를 빼준다.

• 바람을 맡은 유아가 댕기를 빼서 가져간다.

■ 동극에서 어떤 역할을 하고 싶은지 생각해 보세요.

■ 달님이(토끼, 여우, 곰, 호랑이, 바람) 역할을 하고 싶은 사람을 손을 드세요.

○ 배역을 맡은 유아들이 앞으로 나와 한 줄로 서서 자기소개와 인사를 한다.

■ 동극을 할 사람들은 앞으로 나오세요. 왼쪽부터 차례대로 자신이 맡은 역할과 자신의 이름을 말하세요.

• 저는 달님이(토끼, 여우, 곰, 호랑이, 바람)를 맡은 ○○○ 입니다.

○ 동극 할 준비를 한다.

■ 자기 역할에 필요한 물건을 가지고 동극할 준비를 하세요. 앉아 있는 사람들이 동극을 잘 볼 수 있도록 선생님도 자리를 옮길게요.

○ 동극을 한다.

■ 지금부터 ○○○반 어린이들의 '내 댕기를 찾아 주세요' 동극을 시작하겠습니다.

○ 동극이 끝나면 동극을 한 유아들이 인사를 하고 자리에 앉는다.

○ 동극을 평가한다.

'내 댕기를 찾아주세요' 동극하기

- 동극이 재미있었나요? 어떤 점이 재미있었나요?
  - 토끼가 부채질을 하며 뛰어 오는 것이 재미있었다.
  - 바람이 달님이의 댕기를 빼가는 것이 재미있었다.
  - 달님이에게 댕기를 묶어 주는 것이 재미있었다.
- 어떻게 하면 동극을 더 재미있게 할 수 있을까요?

○ 두 번째 동극의 배역을 정한다.

○ 배역을 맡은 유아들이 앞에 나와서 자기소개와 인사를 한 뒤 동극을 시작한다.

○ 동극이 끝나면 동극을 한 유아들이 인사를 하고 자리에 앉는다.

○ 유아들과 함께 무대를 정리한다.

관련활동

- 이야기나누기 '옛날 물건과 오늘날 물건' (18쪽 참고)
- 이야기나누기 '한복' (24쪽 참고)
- 동시 '고맙다' (20쪽 참고)

동 화

내 댕기를 찾아 주세요

숲 속 마을에 달님이가 살고 있었습니다. 달님이는 댕기를 선물로 받았습니다.

달님이 정말 예쁜 댕기다. 아주 마음에 들어.

어느날, 달님이는 댕기를 머리에 매고 숲 속으로 산책을 나갔습니다.
그런데 갑자기 센 바람이 불어서 달님이의 댕기를 쏙 빼서 가져가 버렸습니다.

달님이 어어, 내 댕기를 돌려줘!

달님이는 댕기를 찾으려고 수풀 뒤도 보고, 나무 뒤도 보았지만 찾을 수가 없었습니다.
그때 토끼가 부채질을 하며 깡충깡충 뛰어왔습니다.

토 끼 안녕? 뭘 찾고 있니?
달님이 내 댕기가 없어졌어. 혹시 내 댕기 못 봤니?
토 끼 못 봤어. 나는 시원하게 해주는 부채밖에 없는걸. 그럼 안녕.

이번에는 여우가 갓을 쓰고 걸어왔습니다.

여 우 안녕? 뭘 찾고 있니?
달님이 내 댕기가 없어졌어. 혹시 내 댕기 못 봤니?

여 우 못 봤어. 나는 머리에 쓰는 갓밖에 없는걸. 그럼 안녕.

여우가 가고 난 후에 곰 아주머니가 참빗으로 머리를 빗으며 걸어왔습니다.

곰 안녕? 뭘 찾고 있니?
달님이 제 댕기가 없어졌어요. 혹시 제 댕기 못 보셨어요?
곰 못 봤어. 난 머리를 빗는 참빗밖에 없는걸. 그럼 안녕.

그때 허리에 댕기를 묶은 호랑이가 걸어왔어요.

호랑이 안녕? 뭘 찾고 있니?
달님이 내 댕기가 없어졌어. 혹시 내 댕기 못 봤니?
어, 네 허리에 묶여 있잖아!
호랑이 이게 댕기니?
달님이 그래. 그건 허리가 아니라 머리에 묶는 댕기야.
호랑이 아까 저쪽에서 주웠는데 네 것이었구나. 여기 있어.
달님이 고마워.

달님이는 다시 댕기를 머리에 묶고 즐겁게 노래를 부르며 집으로 돌아갔습니다.

활동 8

복주머니 만들기

집단형태

자유선택활동

활동유형

조형 영역

활동자료

복주머니 모양으로 오리고 가장자리를 펀치로 뚫은 펠트지 2겹, 여러 가지 색의 끈 TIP 1, 모양 조각 펠트, 스팽글, 색공, 털실, 무독성 본드, 본드 받침, 매직펜

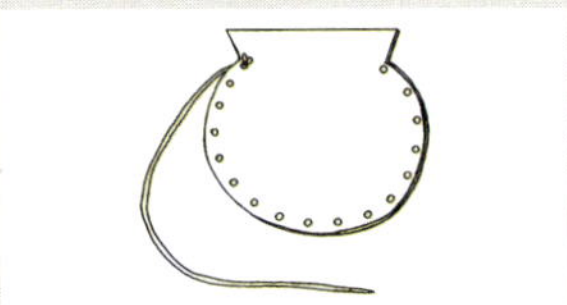

복주머니 모양 펠트지

TIP 1 끈의 끝에 셀로판테이프를 말아 붙여 얇고 단단하게 만들어 놓는다. 끈의 다른 쪽 끝은 복주머니 모양 펠트지에 묶어 놓는다.

TIP 2 교사는 개별 유아의 실을 꿰는 수준에 따라 적절한 도움을 준다.

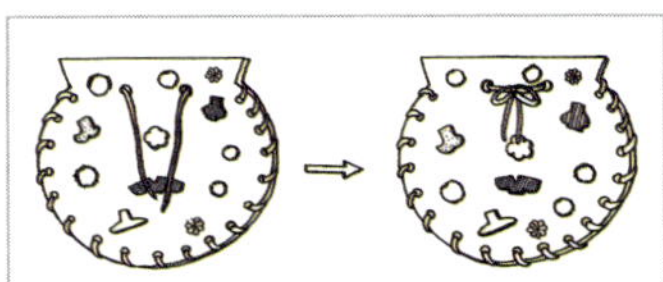

실 매듭짓기

활동목표

- 복주머니의 생김새와 기능에 대해 안다.
- 소근육 조절 능력을 기른다.

활동방법

○ 재료를 살펴보며 복주머니에 대해 소개한다.

- 이렇게 생긴 주머니를 본 적 있나요? 무엇이라고 부르는지 아나요?
  - 복주머니
- 한복에는 주머니가 없기 때문에 옛날 사람들은 돈(엽전)이나 물건을 넣을 수 있는 복주머니를 옷고름이나 바지허리에 달았어요. 복주머니를 선물 받으면 복이 가득 들어온다고 생각했어요.

○ 활동 방법에 대해 이야기한다.

- 준비된 재료들로 복주머니를 만들 거예요.
- 지금은 복주머니 안에 물건을 넣을 수 있나요? 왜 물건을 넣을 수가 없나요?
  - 앞장과 뒷장이 이어지지 않고 뚫려 있어 물건을 넣으면 밑으로 빠질 것이다.
- 물건이 빠지지 않도록 하려면 어떻게 해야 할까요?
  - 바느질을 하여 앞장과 뒷장을 이어 붙인다.

○ 복주머니의 안쪽 면에 매직펜으로 이름을 쓴다.

○ 펀치로 뚫어 놓은 구멍에 끈을 넣고 바느질하듯이 두 장의 펠트를 엮는다.

- 선생님이 한쪽 끝에 실을 매달아 놓았어요. 바느질을 하려면 이 실 끝을 어디에 넣어야 할까요?
  - 바로 옆 구멍에 넣는다.
- 실을 구멍에 차례대로 넣고 잡아당겨 바느질을 하세요. TIP 2

○ 복주머니의 양쪽 면을 모양 조각 펠트, 색공, 털실, 스팽글 등으로 꾸민다.

- 이제 복주머니를 예쁘게 꾸밀 거예요. 복주머니에 꾸미기 재료를 붙여 꾸며 보세요.

관련활동

- 이야기나누기 '옛날 물건과 오늘날 물건' (18쪽 참고)
- 이야기나누기 '한복' (24쪽 참고)

활 동 9

전통가옥 그림자극 놀이

의식주 생활

전통놀이

전통생활

상징

활동목표

- 우리나라의 전통가구와 생활소품에 관심을 갖는다.
- 옛날 사람들의 생활 모습을 상상하여 극놀이로 표현한다.

활동방법

○ 전통가옥 그림자극 놀이하는 방법을 이야기 나눈다.

- (OHP와 전통가옥 배경판, 막대 인형을 보면서) 그림자극 놀이를 어떻게 할 수 있을까요?
  - OHP를 켜면 빛이 나온다. 기계에서 나오는 빛을 그림자막에 비춘다.
  - OHP 위에 배경판을 올려놓는다. 배경판의 그림이 그림자막에 선명하게 보이도록 초점을 맞춘다.
  - 그림자막 뒤에서 인형을 가지고 놀이한다.
- 배경판이 몇 개인가요? 배경판 각각에는 어떤 그림이 그려져 있나요?
  - 부엌 : 아궁이와 가마솥, 주전자, 그릇 등
  - 방 : 옷장, 병풍 등
  - 기와집

○ 방안놀이 시간에 그림자극 놀이를 한다.

- 부엌, 방, 기와집 배경판 중 한 가지를 고르세요.
- 배경판을 OHP 위에 올려놓으세요.
- 어떤 이야기로 그림자극을 할까요?
  - 엄마가 부엌에서 아궁이에 불을 지펴서 가마솥에 밥을 짓는다.
  - 아이들이 방에서 놀이하고 있다.
  - 엄마가 밥상을 차려서 방으로 가져와서 함께 밥을 먹는다.

유의점

- 빛이 많이 들어오는 곳은 자료가 잘 보이지 않으므로 교실의 채광을 고려하여 OHP를 배치한다. 그림자극 놀이 영역에 가림판을 세워 주면 빛을 차단할 수 있다.

관련활동

- 이야기나누기 '옛날 물건과 오늘날 물건' (18쪽 참고)
- 역할 놀이 영역 '전통부엌 놀이하기' (38쪽 참고)

집단형태

자유선택활동

활동유형

언어 영역

활동자료

OHP, 그림자막, OHP 배경판(예: 전통가옥의 방 · 부엌, 기와집 풍경 등), 그림자 막대 인형

'전통가옥 그림자극 놀이' 활동자료

OHP에 배경판 올려놓기

막대 인형으로 그림자극 놀이하기

활동 10

조롱박 따기

집단형태

대집단활동

활동유형

신체(게임)

활동자료

초가집 사진자료, 출발 표시, 색지로 만든 초가집, 조롱박(유아 수만큼), 신호악기, 평가자료(고리 약 30개, 고리대 2개)

조롱박 따기 게임자료
– 색지로 만든 초가집

조롱박 따기 게임자료 – 조롱박

활동목표

- 초가집의 생김새를 안다.
- 조롱박의 생김새와 쓰임새를 안다.
- 눈과 손의 협응력과 순발력을 기른다.

활동방법

○ 게임 자료를 살펴보며 초가집과 조롱박에 대해 간단히 이야기 나눈다.

- 선생님 맞은편에 무엇이 있나요?
  - 초가집이 있다.
  - 지붕에 조롱박이 달려 있다.
- 초가집 옆에 조롱박 씨를 심으면 조롱박의 덩굴손이 벽을 타고 지붕까지 올라가서 초가집 지붕 위에 조롱박이 주렁주렁 달려요.
- 사람들은 가을이 되어 조롱박이 익으면 지붕에서 조롱박을 따요. 조롱박의 속을 파내고 말려서 물을 담는 호리병을 만들거나 반을 잘라 바가지를 만들어 사용해요.

○ 게임 방법에 대해 이야기 나눈다.

- 초가집 지붕 위에 널린 조롱박을 따는 게임을 할 거예요.
- 양편에서 한 사람씩 나와서 출발 표시 위에 서서 준비를 해요.
- 선생님이 출발 신호를 하면 초가집까지 달려가요.
- 조롱박 한 개를 떼어서 선생님이 있는 곳까지 달려와 선생님과 먼저 악수를 하는 사람이 이기는 게임이에요.

○ 유아 1명이 시범을 보인다.

○ 게임 시 지켜야 할 규칙에 대해 이야기한다.

- 조롱박을 떼다가 다른 조롱박을 떨어뜨리면 어떻게 해야 할까요?
  - 조롱박을 제자리에 붙여 놓는다.
- 조롱박을 들고 달리다가 떨어뜨리면 어떻게 해야 할까요?
  - 떨어뜨린 자리에서 조롱박을 다시 주워서 달려온다.

○ 게임 시 응원 태도에 대해 이야기한다.

- 다른 친구가 게임을 할 때 어떻게 해야 할까요?
  - 자리에 바르게 앉아서 다른 친구가 게임하는 모습을 본다.

• 응원을 한다. 이긴 사람에게는 잘했다고 박수를 쳐 주고 진 사람에게는 끝까지 잘하라고 응원을 한다.

○ 평가 방법을 이야기한다.

■ 게임 규칙을 잘 지키면서 먼저 들어온 사람이 있는 편에게 고리를 한 개 걸어줄 거예요.

■ 고리가 많은 편이 이기는 게임이에요.

○ 게임을 한다.

○ 게임을 평가한다.

■ 먼저 △△편의 고리를 세어 보세요. 이번에는 ☆☆편의 고리를 세어 보세요.

■ 고리가 더 많은 △△편이 이겼습니다.

○ 응원 태도에 대해 평가한다.

■ △△편과 ☆☆편 모두 바르게 앉아서 응원을 잘 해주었나요?

○ 2차 게임을 하고 평가한다.

○ 유아들과 함께 게임 자료를 정리한다.

'조롱박 따기' 게임하기

활 동 11

병풍 만들기

집단형태

실내 · 외 자유선택활동

활동유형

조형 영역

활동자료

병풍 틀 TIP 1, 색한지, 붓펜, 창호지, 물감이 든 분무기 TIP 2, 색연필, 사인펜, 가위, 풀

병풍 틀 준비 예시

TIP 1 병풍 틀은 두꺼운 종이로 만든다. 각각의 병풍에 한지를 붙여 놓아 유아들이 꾸밀 수 있게 한다.

TIP 2 분무기에 물감의 농도를 조절한 색깔 물을 담아 둔다. 물감의 색은 우리나라 전통색인 오방색(빨강, 노랑, 하양, 파랑, 검정)으로 한다.

TIP 3 모둠의 수에 맞게 병풍 폭의 수를 정하여 준비한다. 한 모둠에 약 5~6명의 유아가 참여한다.

활동목표

- 병풍의 생김새와 기능을 안다.
- 주변 환경을 아름답게 장식한다.
- 친구들과 협력하여 공동 작품을 만든다.

활동방법

| 병풍 꾸미기 활동 소개하기 |

○ 병풍의 생김새와 기능에 대해 이야기를 나눈다.

- (병풍 사진을 보며) 이런 물건을 본 적 있나요? 이 물건의 이름은 무엇인가요?
  - 병풍
- 병풍은 왜 필요할까요?
  - 바람을 막거나 장식하기 위해 필요하다.
  - 병풍의 그림이나 자수 · 글씨 등을 감상하기도 했다.
- 병풍은 어떻게 사용하는 것일까요?
  - 병풍을 펴서 세워 두었다가 사용하지 않을 때는 접어 둔다.

○ 병풍 꾸미기 활동을 소개한다.

- ○○○ 반 어린이들도 병풍을 만들어 ○○○ 반을 장식할 거예요. 여러 가지 방법으로 병풍을 만들어 봅시다.

| 그림을 그리거나 색한지를 붙여 병풍 꾸미기 |

○ 모둠별로 꾸미기 방법을 이야기 나눈다.

- 병물이 모두 몇 개 있나요?
  - 4개 TIP 3
- 4개의 병풍을 각각 어떤 모양과 방법으로 꾸미면 좋을까요?
  - 우리나라 물건 그림을 그린다.
  - 색동으로 꾸민다.
  - 붓펜으로 ○○○ 반 친구 이름을 쓴다.
  - 색한지를 찢어 붙인다.
- 모둠별로 꾸미기 방법을 정해 병풍을 꾸며 보세요.

○ 완성된 각각의 병풍을 이어 붙인다.

■ 병풍을 모두 완성했나요?

■ ○○ 모둠이 꾸민 병풍을 살펴봅시다. 어떤 모양이 있나요? ○○ 모둠은 병풍을 어떻게 꾸몄나요?

■ 선생님이 셀로판테이프로 각 모둠이 만든 병풍을 하나로 이어 볼게요.

| 창호지 물들여 병풍 꾸미기 |

■ 오방색 물감이 든 분무기로 창호지에 물감을 뿌린다.

■ 분무기 안에 어떤 색 물이 있나요?

• 빨강, 파랑, 노랑, 검정, 하양

■ 다섯가지 색을 무엇이라 부르나요?

• 오방색

■ 이 분무기를 창호지에 뿌리면 창호지가 어떻게 될까요?

• 분무기에 있는 색깔 물이 묻는다.

■ 창호지에 분무기를 뿌려 보세요. 여러 가지 색깔을 뿌려도 좋아요. TIP 4

■ 창호지가 어떻게 되었나요?

• 오방색이 서로 섞였다.

○ 물감을 뿌리고 난 후 건조시킨다.

○ 물감 뿌린 창호지가 마르면 창호지를 병풍의 크기에 맞게 잘라서 병풍 틀에 붙인다.

■ 물감을 뿌려 아름답게 만든 창호지를 병풍 크기에 맞게 잘라서 병풍 틀에 붙일 거예요.

○ 조각 한지에 색연필이나 사인펜으로 그림을 그린 후 가위로 오려낸다.

○ 오려낸 그림을 병풍 위에 붙인다.

확장활동

■ 병풍에 붙이고 남은 창호지를 이용해 발을 만든다. 물들인 창호지를 찢어 조각 창호지로 만든 후 리본 끈 위에 적당한 간격을 두고 조각 창호지를 붙인다. 리본 끈의 끝에 술을 달고 교실 문이나 창문에 매달아 전시한다.

관련활동

■ 언어 영역 '전통가옥 그림자극 놀이' (33쪽 참고)

TIP 4 창호지를 옷걸이 봉에 걸어 두면 유아들이 분무기를 뿌리기 편리하다.

분무기로 창호지에 색깔물 뿌리기

그림을 그리거나 색한지를 붙여 꾸민 병풍

창호지를 물들여 꾸민 병풍

활동 12 전통부엌 놀이하기

집단형태

자유선택활동

활동유형

역할 놀이 영역

활동자료

우리나라 전통부엌에서 사용했던 도구 실물 또는 모형(예: 아궁이, 가마솥, 놋그릇, 항아리, 수저, 밥상 등), 전통부엌 사진 자료(예: 아궁이, 선반 등), 한복, 앞치마

전통부엌 놀이 환경 구성

TIP 가정의 협조를 받아 각 가정의 전통생활용품을 빌려서 사용할 수 있다.

아궁이에 불 피우기

활동목표

- 우리나라 전통부엌에 관심을 갖는다.
- 전통부엌에서 사용했던 도구의 명칭과 기능, 사용법을 안다.
- 전통문화에 친숙해지고 관심을 갖는다.

활동방법

○ 역할 놀이 영역의 전통부엌 놀이에 대하여 이야기 나눈다.

- 역할 놀이 영역에 새로 나온 놀잇감을 보았나요? 어떤 놀잇감이 있나요? TIP
  - 옛날 사람들이 사용하던 물건이 있다.
  - 부엌에서 사용하던 물건들이다.
- 어떤 놀이를 할 수 있을까요?
  - 부엌에서 옛날 사람들이 사용했던 물건으로 음식을 만들며 놀 수 있다.

○ 역할 놀이 영역의 전통부엌에 있는 도구들에 대하여 이야기 나눈다.

- (가마솥을 보여주며) 이것은 무엇일까요? 언제 사용하는 것일까요?
  - 밥을 하거나 국을 끓일 때 사용하는 것이다.
  - '가마솥' 이라고 한다.
  - 크기가 크고 아래가 우묵하다.
- (아궁이를 보여주며) 이것은 무엇일까요? 어떻게 사용하는 것일까요? 요즘에는 대신 어떤 것을 사용하나요?
  - '아궁이' 라고 한다. 요리를 하거나 방을 따뜻하게 할 때 사용했다.
  - 아궁이에 가마솥을 올려놓고, 아궁이 구멍에 나무를 넣어 불을 지피면 가마솥 안의 음식이 익는다.
  - 요즘에는 아궁이 대신 가스레인지를 사용한다.
  - 아궁이에서 불을 땔 때 나오는 연기와 불길이 방바닥 밑으로 지나면서 방이 따뜻해진다.
- 또 어떤 물건들이 있나요?
  - 항아리, 소쿠리, 키, 조리 등

○ 전통부엌에서 놀이하는 방법을 이야기 나눈다.

- 어떤 놀이를 할 수 있을까요?
  - 부엌에 있는 도구들로 밥 짓기, 국 끓이기 등의 요리를 한다.

• 음식을 만들어서 밥상에 차린다.
• 친구들이 있는 곳에 밥상을 가져다준다.
• 친구들과 함께 나누어 먹는다.
• 놀이할 때 한복을 입으면 옛날 사람처럼 보일 것이다.

○ 방안놀이 시간에 역할 놀이 영역에서 전통부엌 놀이를 한다.

관련활동

■ 조형 영역 '전통물건 종이판화' (22쪽 참고)
■ 이야기나누기 '옛날 물건과 오늘날 물건' (18쪽 참고)
■ 언어 영역 '전통가옥 그림자극 놀이' (33쪽 참고)

음식 차려 먹기

활동 13

조리로 쌀 나르기

집단형태

대집단활동

활동유형

신체(게임)

활동자료

출발 표시, 가마솥 2개, 쌀(비닐봉지에 한 줌씩 넣어 묶은 것 유아 수만큼), 조리 2개, 바구니 2개(조리를 놓을 용도), 채반 1개(쌀을 담을 용도), 신호악기, 평가자료(떡 그림 30개), 게시판

'조리로 쌀 나르기' 게임자료

활동대형

편대형

'조리로 쌀 나르기' 게임 대형

활동목표

- 조리의 생김새와 기능을 안다.
- 눈과 손의 협응력과 민첩성을 기른다.

활동방법

○ 게임 자료를 보며 게임 방법에 대해 이야기 나눈다.

- 선생님 맞은편에 무엇이 있나요?
  - 가마솥, 바구니
- 바구니 안에는 이것이 담겨 있어요. (봉지에 넣은 쌀을 보여주며) 무엇인가요?
  - 쌀이 담긴 주머니
- 어떤 게임을 하려는 것일까요?
  - 조리로 쌀 주머니를 퍼서 가마솥에 넣고 돌아온다.
- 양편에서 한 사람씩 나와서 출발 표시 위에 서서 준비를 해요.
- 선생님이 출발 신호를 하면 바구니가 있는 곳까지 달려가요.
- 채반에 담긴 쌀 주머니 한 개를 조리로 퍼서 가마솥까지 달려가요. 이때 쌀 주머니가 떨어지지 않도록 조심해야 해요. 쌀 주머니를 가마솥에 넣고 다시 달려와서 선생님에게 조리를 전해 주는 거예요.

○ 시범을 보인다.

○ 게임 시 응원 태도에 대해 이야기한다.

- 다른 친구가 게임을 할 때 어떻게 해야 할까요?
  - 자리에 바르게 앉아서 다른 친구가 게임하는 모습을 본다.
  - 응원을 한다. 이긴 사람에게는 박수를 쳐 주고 진 사람에게는 끝까지 잘하라는 응원을 한다.

○ 평가 방법을 이야기한다.

- 게임 규칙을 잘 지키면서 먼저 들어온 사람이 있는 편에게 떡을 한 개 줄 거예요.
- 떡이 많은 편이 이기는 게임이에요.

○ 게임을 한다.

○ 게임을 평가한다.

- 떡이 몇 개인지 같이 세어 보세요(떡 그림을 떼어 내며 유아들과 함께 수를 센다).
- 이번에는 떡이 많은 ○○편이 이겼습니다.

○ 응원 태도에 대해 평가한다.

■ △△편과 ○○편 모두 바르게 앉아서 응원을 잘 해주었나요?

○ 2차 게임을 하고 평가를 한다.

○ 유아들과 함께 게임자료를 정리한다.

관련활동

■ 역할 놀이 영역 '전통부엌 놀이하기' (38쪽 참고)

■ 동시 '고맙다' (20쪽 참고)

'조리로 쌀 나르기' 게임하기

활동 14

점토로 떡 만들기

집단형태

자유선택활동

활동유형

조형 영역

활동자료

점토TIP, 떡살, 다식판, 다식과 여러 가지 문양이 찍힌 떡 사진, 점토받침, 점토로 만든 떡 모형, 아크릴물감, 붓, 물감통, 스펀지 또는 걸레

TIP 점토를 밀폐 용기에 담아 내 주어 필요한 만큼 꺼내 쓰도록 하면 점토가 굳거나 갈라지는 것을 방지할 수 있다.

활동목표

- 전통물건의 기능과 명칭을 알고 사용법을 익힌다.
- 점토의 성질과 질감을 탐색하고 이를 이용하여 조형 작품을 만든다.

활동방법

| 떡살을 이용하여 떡 만들기 |

○ 떡살을 살펴보며 생김새와 기능에 대해 이야기한다.

- (떡살을 보여주며) 이 도구는 '떡살' 이라고 해요.
- 떡살은 떡을 만들 때 사용하는 도구예요. 떡에 여러 가지 무늬를 찍어 보기 좋게 만들어 줘요.
- 점토와 떡살을 이용하여 역할 놀이 영역에서 사용할 떡을 만들 거예요.

○ 점토를 송편 크기만큼 떼어 손바닥 위에 놓고 동그랗게 굴린다.

- 점토를 만져보니 느낌이 어떤가요?
  - 부드럽다. 물렁물렁하다.
- 점토를 손바닥 사이에 굴려 동그랗게 만들어 보세요.

○ 동그랗게 된 점토를 점토 받침 위에 놓고 손바닥으로 살짝 눌러 납작하게 만든다.

○ 원하는 무늬의 떡살을 골라 점토 위에 도장 찍듯이 찍는다.

- 납작해진 점토 위에 떡살을 찍으면 점토가 어떻게 될까요?
  - 떡살의 모양이 점토 위에 나타난다.
- 여러 가지 떡살의 무늬 중에서 원하는 것을 골라 점토 위에 찍어 보세요.

○ 점토에 찍혀진 무늬를 살펴보고 건조대에 올려놓아 말린다.

- 점토가 딱딱하게 마르면 물감으로 색칠을 하여 완성할 거예요.

| 다식판을 이용하여 떡 만들기 |

○ 다식판을 살펴보며 생김새와 기능에 대해 이야기한다.

- (다식판을 보여주며) 이 도구를 본 적이 있나요? 무엇에 사용하는 물건인가요?
- (다식 사진을 보여주며) 이 음식은 '다식' 이라는 전통과자에요. 떡에 떡살을 찍어 무늬를 만드는 것처럼 이 과자에도 무늬를 만들었어요. 다식판은 다식의 무늬를 만들 때 사용하는 물건이에요.
- 점토와 다식판을 이용하여 떡을 만들어 봅시다.

■ 다식판은 위 판과 아래 판으로 되어 있어요. 어떻게 모양을 찍어낼 수 있을까요?

- 위 판을 올려 괸 후 구멍에 점토를 넣어 무늬가 찍히도록 한다. 위 판을 내리면 점토가 올라온다.

○ 다식판의 위 판을 올려 괸 후 구멍에 적당한 양의 점토를 넣는다.

○ 괴었던 위 판을 내려 점토를 꺼낸다.

○ 점토에 찍혀진 무늬를 살펴보고 건조대에 올려 말린다.

| 점토로 만든 떡에 색칠하기 |

○ 점토로 만든 떡이 건조된 후에 아크릴물감과 붓을 이용하여 색칠한다.

■ 한 가지 색으로 칠할 수도 있고 여러 가지 색으로 칠할 수도 있어요.

○ 색칠한 떡을 건조대에 올려놓아 말린다.

○ 물감이 마르면 교사가 마감재로 덧칠한 후 역할 놀이 영역의 교구로 제공한다.

관련활동

■ 역할 놀이 영역 '전통부엌 놀이하기' (38쪽 참고)

■ 과학 '송편 빚기' (58쪽 참고)

■ 동극 '맛있는 떡 사세요' (44쪽 참고)

다식판으로 떡 만들기

활동 15

맛있는 떡 사세요

집단형태

대집단활동

활동유형

동극

활동자료

테이블 동화자료, 낮은 책상, 동극자료(떡 모형이나 놀잇감)

동화 듣기

활동목표

- 떡의 종류에 관심을 갖는다.
- 전통문화에 친숙해지고 관심을 갖는다.
- 동화의 내용을 이해하고 극으로 표현한다.
- 동극을 관람하는 바른 태도를 기른다.

활동방법

○ 동화를 듣고 난 뒤 동극을 할 것임을 알려준다.

- 동화를 듣고 동극을 하는 데 필요한 사항을 당부한다.
    - 어떤 등장인물이 나와서 어떤 말을 하는지 기억하면서 듣는다.
    - 동극을 하기 위해서는 어떤 준비물과 무대가 필요할지 생각하면서 듣는다.

○ '맛있는 떡 사세요' 테이블 동화를 들려준다.

○ 유아들과 동화의 내용과 대사를 회상해 본다.

- 떡 가게 주인인 호랑이는 뭐라고 이야기했나요?
    - 떡 사세요. 맛있는 떡이 있습니다.
- 제일 처음에 누가 떡을 사러 왔나요?
    - 토끼
- ○○○반 어린이들이 호랑이가 되어서 이야기하면, 선생님이 토끼가 되어서 이야기할게요.
- 그 다음에는 누가 떡을 사러 왔나요?
    - 너구리
- 이번에는 선생님이 호랑이 역할을 맡을게요. ○○○반 어린이들이 너구리가 되어서 이야기해 보세요.
- 그 다음에는 누가 떡 가게에 왔나요?
    - 다람쥐
- 이번엔 남자 어린이들이 호랑이가 되고, 여자 어린이들이 다람쥐가 되어서 이야기해 보세요.
- 마지막으로 누가 떡을 사러 왔나요?
    - 돼지

■ 여자 어린이들이 호랑이가 되고, 남자 어린이들이 돼지가 되어서 이야기해 보세요.

■ 떡을 사 간 동물들은 숲 속에서 무엇을 하고 있었나요?

• 떡 잔치를 하고 있었다.

■ 이번에는 의자에 앉은 어린이들이 동물들이 되고, 바닥에 앉은 어린이들이 호랑이가 되어서 이야기해 보세요.

○ 동극 무대 꾸미기에 대해 의논하고 무대를 꾸민다.

■ 동극을 하려면 어느 곳이 필요한가요? TIP

• 호랑이의 떡 가게가 필요하다.

■ 호랑이의 떡 가게는 어디로 할까요?

• 무대 가운데에 만든다.

■ 가게는 무엇으로 만들까요?

• 책상을 떡 가게 진열대로 한다.

• 종이벽돌블록으로 가게를 만든다.

■ 가게를 어떻게 꾸밀까요?

• 여러 가지 떡을 진열대에 올려놓는다.

■ 가게를 만들어주고 싶은 사람은 손을 드세요.

○ 동극의 배역을 정한다.

■ 동화에 누가 나왔나요?

• 호랑이, 토끼, 너구리, 다람쥐, 돼지

■ 어떤 역할을 하고 싶은지 생각해 보세요.

■ 호랑이(토끼, 너구리, 다람쥐, 돼지) 역할을 하고 싶은 사람을 손을 드세요.

○ 배역을 맡은 유아들이 앞으로 나와 한 줄로 서서 자기소개와 인사를 한다.

■ 동극을 할 사람들은 앞으로 나오세요. 왼쪽에 있는 사람들부터 차례대로 자신이 맡은 역할과 자신의 이름을 말하세요.

• 저는 호랑이(토끼, 너구리, 다람쥐, 돼지)를 맡은 ○○○ 입니다.

○ 동극할 준비를 한다.

■ 호랑이는 떡 가게로 가서 준비하세요. 앉아 있는 사람들이 동극을 잘 볼 수 있도록 선생님도 자리를 옮길게요. 역할을 맡은 다른 사람들은 선생님 옆에 한 줄로 앉아서 준비하세요.

○ 동극을 한다.

■ 지금부터 ○○○ 반 어린이들의 '맛있는 떡 사세요' 동극을 시작하겠습니다.

○ 동극이 끝나면 동극을 한 유아들이 인사를 하고 자리에 앉는다.

○ 동극을 평가한다.

■ 동극이 재미있었나요? 어떤 점이 재미있었나요?

TIP 역할 놀이 영역에서 '떡 가게 놀이'가 진행 중일 경우 역할 놀이 영역의 소품을 사용한다. 역할 놀이 영역이 동극을 관람하기 적절한 위치일 경우 호랑이 떡 가게로 정하고 동극을 할 수 있다.

'맛있는 떡 사세요' 동극하기

- 호랑이가 "떡 사세요." 하고 외치는 게 재미있었다.
- 진짜 떡 가게 같아서 재미있었다.
- 다 같이 떡 잔치를 하는 것이 재미있었다.

■ 어떻게 하면 동극을 더 재미있게 할 수 있을까요?

- 앉아 있는 사람들이 잘 들을 수 있도록 동극을 하는 사람들이 조금 더 큰 소리로 이야기하면 좋겠다.
- 떡 잔치를 할 때 신나는 노래를 부르면 재미있을 것 같다.

○ 2차 동극의 배역을 정한다.

○ 배역을 맡은 유아들이 앞에 나와서 자기소개를 한 뒤 2차 동극을 시작한다.

○ 동극이 끝나면 동극을 한 유아들이 인사를 하고 자리에 앉는다.

○ 유아들과 함께 무대를 정리한다.

관련활동

■ 역할 놀이 영역 '전통부엌 놀이하기' (38쪽 참고)

■ 조형 영역 '점토로 떡 만들기' (42쪽 참고)

■ 노래 '송편' (61쪽 참고)

■ 과학 '송편 빚기' (58쪽 참고)

동 화

맛있는 떡 사세요

동물 마을에 떡 잔치가 있는 날입니다. 동물 마을 시장 떡 가게에서는 호랑이가 떡을 팔고 있습니다.

호랑이 떡 사세요. 맛있는 떡이 있습니다.

토끼가 호랑이 떡 가게에 찾아왔습니다.

호랑이 안녕하세요? 어떤 떡을 드릴까요?
토 끼 달콤한 꿀떡을 주세요.

호랑이는 토끼에게 꿀떡을 주었습니다.

토 끼 정말 맛있겠다. 고맙습니다.

토끼는 꿀떡을 가지고 갔습니다. 호랑이는 계속 떡을 팔았습니다.

호랑이 떡 사세요. 맛있는 떡이 있습니다.

너구리가 호랑이 떡 가게에 찾아왔습니다.

호랑이 안녕하세요? 어떤 떡을 드릴까요?
너구리 고운 무지개떡을 주세요.

호랑이는 너구리에게 무지개떡을 주었습니다.

너구리 정말 맛있겠다. 고맙습니다.

너구리는 꿀떡을 가지고 갔습니다. 호랑이는 계속 떡을 팔았습니다.

호랑이 떡 사세요. 맛있는 떡이 있습니다.

이번에는 다람쥐가 호랑이 떡 가게에 찾아왔습니다.

호랑이 안녕하세요? 어떤 떡을 드릴까요?
다람쥐 하얀 백설기를 주세요.

호랑이는 다람쥐에게 백설기를 주었습니다.

다람쥐 정말 맛있겠다. 고맙습니다.

다람쥐는 백설기를 가지고 갔습니다. 호랑이는 남아 있는 송편, 시루떡도 팔고 싶었습니다.

호랑이 떡 사세요. 맛있는 떡이 있습니다.

돼지가 호랑이 떡 가게에 찾아왔습니다.

호랑이 안녕하세요? 어떤 떡을 드릴까요?
돼 지 반달같이 생긴 송편을 주세요.

호랑이는 돼지에게 송편을 주었습니다.

돼 지 정말 맛있겠다. 고맙습니다.

돼지는 송편을 가지고 갔습니다. 호랑이는 다시 떡을 팔기 시작했습니다.

호랑이 떡 사세요. 맛있는 떡이 있습니다.

그러나 이제 아무도 떡을 사러 오지 않았습니다. 호랑이는 직접 떡을 들고 다니면서 팔기로 했습니다. 호랑이가 남은 시루떡을 들고 산 속으로 들어가는데 어디선가 웅성거리는 소리가 들렸습니다. 소리가 나는 곳으로 가자, 그곳에는 동물들이 호랑이 떡 가게에서 산 떡을 들고 다 함께 모여 있었습니다.

호랑이 안녕? 지금 무엇을 하고 있니?
동물들 우리는 떡 잔치를 하고 있어.
호랑이 떡 잔치라고?
동물들 너도 같이 떡 잔치를 하자. 무슨 떡을 가지고 왔니?
호랑이 나는 시루떡을 가지고 왔어.
동물들 그럼 우리 함께 맛있는 떡을 나누어 먹자.

동물들은 떡을 나누어 먹으며 즐거운 떡 잔치를 벌였습니다.

활동 16 물레방아

활동목표

- 물레방아의 생김새와 기능을 안다.
- 전통문화에 친숙해지고 관심을 갖는다.

활동방법

○ 물레방아의 생김새에 대해 이야기 나눈다.

- (노래자료를 보여주며) 무엇이 있나요?
  - 바퀴가 있다.
  - 물레방아가 있다.
- 물레방아를 본 적이 있나요? 어디에서 보았나요?
- 물레방아는 어떻게 생겼나요?
  - 동그란 나무 바퀴가 있다. 바퀴에는 홈이 여러 개 있다.
  - 나무 바퀴에 방아채와 공이가 연결되어 있다.
  - 절구처럼 생긴 큰 바구니(확)가 있다.
- (노래자료의 각 부분을 가리키며) 물레방아는 나무 바퀴에 방아채와 공이를 연결시켜서 만들어요.
- 물레방아가 움직이는 모습을 보여줄게요(물레방아 영상자료를 보여준다).
- 물레방아가 어떻게 움직이나요?
  - 물레방아 위에서 물이 떨어지면서 나무 바퀴를 돌린다. 떨어지는 물이 나무 바퀴의 홈을 밀어내면서 나무 바퀴가 돌아간다.
  - 나무 바퀴가 돌아가면 방아채가 올라갔다 내려가기를 반복한다. 이때 방아채 끝에 달린 공이가 확 속에 있는 곡식을 찧는다.

○ 노랫말에 대해 이야기 나눈다.

- (쌀을 보여주며) 쌀을 확에 넣어요. 물레방아가 돌아가면 '쿵덕쿵 쿵덕쿵' 하고 공이가 쌀을 찧어요. 쌀은 어떻게 될까요?
  - 쌀의 껍질이 벗겨진다.
  - 쌀이 가루가 된다.
- 옛날 사람들은 벼를 찧어 쌀을 만들고 또 쌀을 찧어 떡을 만들어 먹기도 했어요.

○ 교사가 노래를 부른다.

집단형태

대집단활동

활동유형

노래

활동자료

반입체 노래자료, 영상자료(물레방아가 돌아가며 곡식을 찧는 모습이 담긴 자료), 섬 사진

'물레방아' 노래자료

* 그림자료의 뒷면에서 물레방아를 돌리면, ①번 손잡이가 돌면서 ②번 방아가 위아래로 움직여 떡방아가 찧어지도록 제작한다.

■ 이런 내용을 담은 노래가 있어요. 물레방아가 어떤 소리를 내며 움직이는지 들어 보세요.

○ 피아노 소리로 음을 들려준다.

○ 교사와 유아가 나누어 부른다.

■ ○○○반 어린이들이 '쿵덕쿵 쿵덕쿵' 부분을 부르면 선생님이 나머지 부분을 부를게요.

○ 교사와 유아가 다 함께 노래를 부른다.

○ 2절 노랫말에 대해 이야기 나눈다. TIP

> TIP 유아들이 노래 1절을 부르는 것을 어려워할 경우 2절은 다음 차시에 부르거나 전이 · 주의 집중 시간 등을 활용하여 부른다.

■ 옛날 우리나라 사람들은 쌀과 같은 곡식을 어디에 담아 두었을까요?

- 그릇에 담아 둔다.
- 바가지에 담아 둔다.

■ (섬 사진을 보여주며) 짚으로 엮어서 만든 '섬'에 곡식을 담아 두기도 했어요.

■ 물레방아가 계속 돌아가면서 곡식을 찧으면 한 섬, 두 섬이나 되는 많은 곡식도 힘들이지 않고 찧을 수 있어요.

○ 교사가 노래 2절을 부른다.

○ 교사와 유아가 다 함께 노래를 부른다.

관련활동

■ 과학 '물레방아 돌리기' (51쪽 참고)

악 보

물레방아

작사 강소천
작곡 이계석

활동 17
물레방아 돌리기

의식주 생활

전통놀이

전통생활

상징

활동목표

- 물레방아의 움직임에 호기심을 갖고 탐구한다.
- 물레방아가 움직이는 원리에 관심을 갖는다.
- 도구를 사용하는 방법을 익힌다.

활동방법

○ 물레방아의 움직이는 원리에 대해 이야기 나눈다.
- 물레방아가 움직이는 것을 본 적이 있나요? 물레방아는 어떻게 움직이나요?
  - 위에서 떨어지는 물의 힘으로 바퀴가 돌아가면서 움직인다.

○ 활동을 소개한다.
- 물레방아에 물을 뿌려 물레방아가 움직이는 모습을 관찰해 보도록 해요.

○ 수조 안에 무엇이 들어있나요?
- (물레방아를 보여주며) 이것이 무엇인가요?
  - 물, 물레방아
- (스포이드를 보여주며) 이 도구는 '스포이드' 라고 해요. 언제 사용하는 도구일까요?
  - 스포이드 안에 물을 담아 조금씩 떨어뜨릴 때 사용한다.
- 스포이드의 동그란 고무 부분을 손가락으로 눌러 잡은 채로 물에 담그고, 손가락을 천천히 떼면 스포이드 안으로 물이 들어가요.
- (주사기를 보여주며) 이것은 무엇일까요?
  - 주사기
- 주사기도 스포이드처럼 물을 담아 조금씩 떨어뜨릴 때 사용할 거예요.
- 주사기를 물에 담근 채로 피스톤의 손잡이를 위로 올려 빼면 주사기 안으로 물이 들어가요.

○ 여러 가지 크기의 주사기와 스포이드를 사용하여 실험해 본다.
- 스포이드(주사기)에 물을 담아 물레방아 위에서 뿌려 보세요.

관련활동

- 노래 '물레방아' (49쪽 참고)

집단형태

자유선택활동

활동유형

과학 영역

활동자료

모형 물레방아, 투명한 플라스틱 수조, 다양한 크기의 주사기나 스포이드, 물이 담긴 그릇

'물레방아' 활동자료

스포이드 사용하기

활동 18 추석

집단형태

대집단활동

활동유형

이야기나누기

활동자료

달력, 교육내용 관련사진이나 자료가 담긴 사진자료(차례, 성묘, 강강술래, 씨름, 송편, 보름달)

TIP 본 활동은 추석 연휴가 시작되는 주초나 그 전 주에 실시한다. 이야기나누기 후에 추석 음식 만들기, 민속놀이하기 등 추석과 관련된 활동을 연계적으로 실시한다.

추석의 풍습에 대해 이야기나누기

활동목표

- 추석은 우리나라 고유의 명절임을 안다.
- 추석의 풍습에 대하여 안다.

활동방법

○ 달력을 보면서 추석에 대하여 이야기 나눈다. TIP

- 추석은 언제인가요?
  - 음력 8월 15일
- 추석은 어떤 날인가요?
  - 과일과 곡식이 잘 자란 것을 기뻐하며 조상님께 감사드리는 날

○ 사진 자료를 보면서 추석의 풍습에 대하여 이야기 나눈다.

- 추석에는 어떤 일들을 하나요?
  - 추석날 아침 일찍 차례를 지낸다.
  - 성묘를 간다.
- (강강술래 사진을 보여주며) 무엇을 하고 있나요?
  - 강강술래를 하고 있다.
- 강강술래는 누가 했을까요?
  - 여자들이 했던 놀이다.
- 어떻게 하는 것일까요?
  - 손을 잡고 원을 만들어서 노래를 부르며 도는 것이다.
- (씨름 사진을 보여주며) 무엇을 하고 있나요?
  - 씨름을 하고 있다.
- 씨름은 누가 했을까요?
  - 남자들이 했던 놀이다.
- 어떻게 하는 놀이일까요?
  - 샅바를 걸치고 힘을 겨루어 이긴 사람에게 황소를 선물로 주었다.
- 추석에 어떤 음식을 먹을까요?
  - 송편, 햇과일, 토란국 등을 먹는다.

○ 추석 풍습과 관련된 활동을 예고한다.

- 내일 유치원에서 송편을 만들어 볼 거예요.
- 이번 주부터 마당놀이 시간에 우리나라 전통놀이(투호, 팽이, 제기 등)도 할 수 있어요.

○ 추석 때 뜨는 보름달에 대하여 이야기한다.

- 추석날 밤에는 무슨 달이 뜨는지 알고 있나요?
  - 보름달
- (보름달 사진을 보여주며) 달 모양이 어떤가요? 손으로 보름달 모양을 만들어보세요.
- 오늘 뜨는 달은 어떤 모양일까요?
- 오늘밤 집에서 달 모양을 관찰하고 내일 이야기 나누어 봅시다.
- 추석까지 달 모양이 어떻게 변하는지 매일 밤 관찰하기로 해요.

관련활동

- 과학 '송편 빚기' (58쪽 참고)
- 동시 '초승달' (54쪽 참고)

활 동

19 초승달

집단형태

대집단활동

활동유형

동시

활동자료

그림자료(달의 모양 변화, 활, 낫), 동시자료

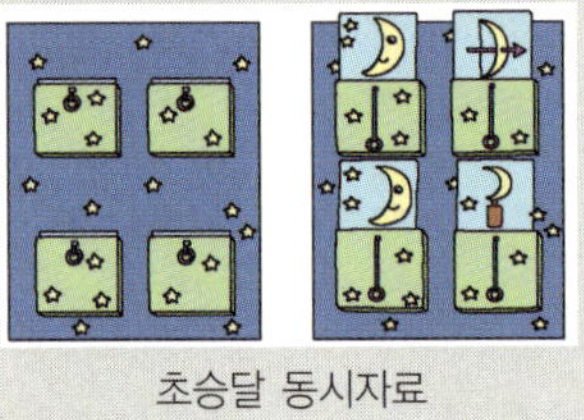

초승달 동시자료

TIP 만 4세 유아들이 달 변화 원리에 대해 이해하기는 어려우므로 이에 대해 소개하기보다는 시간의 흐름에 따라 달 모양 변화가 반복되며, 모양에 따라 다른 이름이 있다는 것을 알게 한다.

활동목표

- 시간의 흐름에 따른 달의 변화에 관심을 갖는다.
- 반복된 구절을 낭송하며 동시의 운율을 느낀다.

활동방법

○ 달 모양의 변화에 대해 이야기 나눈다. **TIP**

- 밤하늘에 뜬 달을 본 적이 있나요? 어떤 모양의 달을 보았나요?
  - 동그란 달을 보았다.
  - 손톱처럼 생긴 달을 보았다.
  - 반달을 보았다.
- ○○○ 반 어린이들이 여러 가지 모양의 달을 보았군요.
- 밤하늘에 달은 한 개만 뜨는데 ○○○ 반 어린이들은 왜 여러 가지 모양의 달을 보았을까요? **TIP**
  - 달은 시간이 지나면서 모양이 조금씩 달라지기 때문이다.
- (달의 변화 그림 자료 보여주기) 우리는 이런 모양의 달들을 볼 수 있어요. 시간이 지나면서 달의 모양이 달라지고 이 순서로 되풀이되요.

○ '초승달' 동시를 소개한다.

- 초승달의 모양을 보고 윤석중 작가가 지은 동시가 있어요.

○ 교사가 '초승달' 동시를 낭송한다.

○ 동시 자료를 사용하여 동시의 내용에 대해 이야기 나눈다.

- 초승달로 무엇을 만든다고 했나요?
  - 활을 만든다(활 그림을 보여준다).
  - 낫을 만든다(낫 그림을 보여준다).
- 초승달과 활, 낫의 모양이 어떤가요?
  - 닮았다. 비슷하다.

○ 동시 자료를 사용하여 교사가 다시 한 번 동시를 낭송한다.

○ 교사와 유아가 동시를 나누어서 낭송한다.

- ○○○ 반 어린이들이 '달달 초승달로 무얼 만들까?' 부분을 낭송하면 선생님이 답을 할게요.

○ 교사와 유아가 다 같이 동시를 낭송한다.

○ 동시를 처음부터 끝까지 낭송할 수 있는 유아가 낭송해 본다.

○ 동시의 내용을 '보름달'로 바꾸어서 낭송해 본다.

- 초승달 대신 '보름달'을 넣어서 동시를 낭송해 보기로 해요.
- 보름달을 보면 무엇이 생각나나요?
  - 거울이 생각난다.
  - 얼굴이 생각난다.
- 예) 달달 보름달로 무얼 만들까?
  달달 보름달로 거울 만들지
  달달 보름달로 무얼 만들까?
  달달 보름달로 아기 얼굴 만들지

관련활동

- 이야기나누기 '추석' (52쪽 참조)

동 시

초 승 달

윤석중

달달 초승달로 무얼 만들까?
달달 초승달로 활을 만들지

달달 초승달로 무얼 만들까?
달달 초승달로 낫을 만들지

활동 20

송편소 만들기

집단형태

대 · 소집단활동

활동유형

과학

활동자료

- 재료(1모둠 약 8명 기준): 밤 1/2 자른 것(유아 1인당 3개), 꿀 약 5ts
- 기구(1모둠 약 8명 기준): 유아당 티스푼 1개, 계량용 티스푼, 완성된 소 넣을 접시, 밤 껍질 버릴 통, 여분 접시, 절구, 절구공이, 요리보, 요리복), 위생장갑
- 기타: 밤송이 사진자료, 밤(겉껍질을 벗긴 밤, 속껍질을 벗긴 밤(생밤), 삶은 밤), 완두콩

활동목표

- ■ 추석 명절 음식에 대해 안다.
- ■ 밤의 속성(색, 질감, 크기)을 탐색하고 상태의 변화를 관찰한다.
- ■ 요리활동에 즐겁게 참여한다.

활동방법

| 대집단으로 모여 밤소 만들기 활동 소개하기 |

○ 송편을 먹어 본 경험에 대해 이야기를 한다.

- ■ 송편을 만들어 본 사람 있나요? 송편을 먹어 보았나요?
- ■ 송편 속에 무엇이 들어 있었나요?
  - • 밤, 깨, 꿀, 콩 등

○ 송편소 만들기 활동을 소개한다.

- ■ 송편이나 만두와 같은 음식 속에 넣는 여러 가지 재료를 '소'라고 해요.
- ■ 여러 가지 송편소 중에서 밤소를 만들어 볼 거예요.
- ■ 내일은 밤소를 넣은 송편을 만들 거예요.

| 소집단으로 모여 밤소 만들기 |

○ 첫 번째 모둠부터 손을 씻은 후 요리복을 입고 책상에 모여 앉는다.

○ 밤에 대해 이야기를 나눈다.

- ■ (밤송이 사진이나 실물을 보여주며) 이것은 무엇인가요?
  - • 밤송이
- ■ 이렇게 뾰족한 가시가 많은 밤송이 안에 밤이 들어 있어요.
- ■ (밤 사진을 보여주거나 밤송이에서 밤을 꺼내어) 밤이 무슨 색인가요? 밤을 만져 보세요. 느낌이 어떤가요?
- ■ 밤의 겉껍질을 벗기면 어떤 모습일까요?
- ■ (겉껍질을 벗긴 밤을 보여주며) 무슨 색인가요? 느낌이 어떤가요?
- ■ 밤을 삶으면 어떻게 될까요?
  - • 부드러워진다.
  - • 물렁물렁해진다.
- ■ (삶은 밤을 보여주며) 삶은 밤으로 밤소를 만들 거예요.

○ 유아에게 삶은 밤(1/2로 자른 것) 3개와 개인 접시, 티스푼을 하나씩 나누어 준다.

○ 티스푼으로 삶은 밤을 파서 요리책상 가운데 있는 그릇에 담는다.

○ 밤을 절구에 담는다.

○ 절구공이로 밤을 찧는다.

- 선생님의 오른쪽에 앉은 사람부터 차례대로 밤을 찧어 보세요.
- 밤을 찧으면서 밤이 변하는 모양을 살펴보고, 냄새를 맡아 보세요.

○ 꿀을 넣고 밤과 꿀을 섞는다.

- (꿀을 보여주며) 밤소에 단 맛을 나게 해줄 재료에요. 무엇일까요?
  - 꿀
- 꿀의 색깔은 어떤가요? 숟가락으로 꿀을 떴을 때 어떤 느낌이 드나요?
  - 연한 노란색이며 끈끈하다.
- 우리가 찧은 밤소와 꿀을 섞어 볼게요.

○ 꿀과 섞은 밤소를 티스푼으로 떠서 유아 개인 접시에 담아 준다.

○ 위생장갑을 낀 후, 밤소를 손바닥 위에 올려놓고 동그랗게 굴린다.

- 밤소가 송편 속에 한 개씩 들어갈 수 있도록 동그란 모양으로 만들 거예요.
- 밤소의 크기가 작으면 어떨까요?
  - 송편에서 밤소의 맛이 나지 않는다.
- 밤소의 크기가 크면 어떨까요?
  - 송편 속에 들어가지 못한다.
- (교사가 완두콩을 보여주며) 밤소가 송편 속에 쏙 들어가도록 완두콩 크기로 만들어 보세요.
- 완성된 밤소는 쟁반 위에 담으세요.

○ 요리 재료와 도구들을 정리한다.

○ 송편을 만들 때까지 밤소를 냉장 보관한다.

유의점

- 음식의 신선도를 고려하여 송편소 만들기와 송편 만들기 활동을 하루에 실시하는 것이 가장 좋다. 그러나 하루에 요리활동을 두 번 계획하는 것에 무리가 있을 경우, 송편 만들기 하루 전날 송편소를 만들고 최대한 신선하게 보관될 수 있도록 냉장 보관해 둔다.

관련활동

- 이야기나누기 '추석' (52쪽 참고)
- 노래 '송편' (61쪽 참고)
- 과학 '송편 빚기' (58쪽 참고)

의식주 생활

전통놀이

전통예술

상징

삶은 밤 파기

절구공이로 밤찧기

밤소 빚기

활동 21

송편 빚기

집단형태

대집단활동 · 소집단활동

활동유형

과학

활동자료

· 재료(1집단 8명 기준): 쌀가루 반죽, 미리 만들어 놓은 밤소, 솔잎

· 기구(1집단 8명 기준): 유아 개인 접시, 빚은 송편을 모아 둘 접시, 요리보, 요리복, 위생장갑

· 익반죽 시범 보일 재료: 쌀가루, 따뜻한 물, 투명 용기

익반죽 시범 보이기

TIP 1 유아들에게 익반죽하는 과정을 보여주는 것이므로 쌀가루를 조금만 준비해도 된다. 익반죽을 만들때 물을 한꺼번에 넣지 않고 익반죽이 되는 상태를 보면서 조금씩 넣는다.

TIP 2 익반죽에 필요한 기구와 재료를 낮은 책상에 준비하여 교사 가까이에 비치해 놓는다.

활동목표

- 송편 만드는 방법을 안다.
- 재료의 상태와 변화를 지속적으로 관찰한다.
- 요리하는 과정에 즐겁게 참여한다.

활동방법

| 대집단으로 모여 송편 만드는 방법 알아보기 |

○ 활동을 소개한다.

- (밤소를 보여주며) 우리가 만든 밤소를 냉장고에 하루 동안 보관해 놓았어요.
- 오늘은 밤소를 넣은 밤송편을 만들 거예요.

○ 송편 만들기 재료를 소개한다.

- 송편을 만들기 위해 필요한 재료를 살펴봅시다. 무엇이 있나요?
  - 쌀가루, 따뜻한 물, 밤소

○ 준비된 재료와 요리 순서도를 사용하여 쌀가루로 익반죽을 만들기까지의 과정을 소개한다. 교사가 익반죽 과정을 직접 보여준다. TIP 1 TIP 2

- 송편을 만들기 위해 먼저 쌀가루로 반죽을 만들어야 해요.
- 쌀가루는 쌀을 빻아서 만들어요. 쌀이 잘 빻아질 수 있도록 하루 동안 물에 불린 후 방앗간에 가져가서 곱게 빻아서 만들어요.
- (투명한 그릇에 쌀가루를 담아서 유아들에게 보여주며) 그릇에 담긴 쌀가루를 보세요. 쌀가루의 색깔이 어떤가요?
  - 흰색이다.
- 쌀가루가 어떻게 보이나요?
  - 만지면 부드러울 것 같다.
- (쌀가루가 담긴 투명한 그릇에 뜨거운 물을 붓고 반죽하며) 쌀가루에 뜨거운 물을 넣어 반죽해요. 뜨거운 물을 부으면서 쌀가루를 반죽하면 반죽이 더 쫀득하고 맛있는 떡을 만들 수 있어요. 이렇게 뜨거운 물로 반죽하는 것을 '익반죽'이라고 해요.
- 쌀가루에 따뜻한 물을 넣고 주물렀더니 쌀가루가 어떻게 변하고 있나요?
  - 물과 섞인다.
  - 가루가 점점 덩어리로 변한다.

- (교사가 손으로 반죽을 하며) 손으로 계속 주물러 주면 가루와 물이 섞여서 반죽이 되요. 완성된 반죽으로 송편을 만들어 봅시다.

○ 송편 빚기 방법을 소개한다.
- 반죽을 떼어 손바닥 위에 올려놓고 동그랗게 빚은 다음 손가락으로 꾹 눌러 구멍을 내요.
- 구멍 속에 밤소를 넣은 후 구멍을 잘 막고 예쁘게 빚으세요.

○ 송편을 찌는 과정을 소개한다.
- 우리가 만든 송편을 부엌에 가져가서 냄비에 넣고 찔 거예요.
- (솔잎을 보여주며) 냄비 바닥에 솔잎을 깔고 송편을 올려놓으면 송편에서 향도 나고 송편끼리 붙지 않아요.
- 다 찐 송편은 찬물에 헹군 후 고소한 맛을 내기 위해 참기름을 발라요.
- 어린이들은 조리실에 들어가지 못하므로 선생님이 송편 찌는 모습을 사진으로 찍어 보여줄게요.
- 다 찐 송편을 간식으로 먹을 거예요.

| 소집단으로 모여 송편 만들기 |

○ 손을 씻은 후 요리복을 입고 책상에 모여 앉는다.

○ 반죽을 나눈다.
- 반죽 덩어리를 한 사람이 하나씩 가질 수 있도록 나눌 거예요.
- 요리 책상에 모두 몇 명이 있나요?
  - 8명
- 반죽을 몇 개로 나누어야 하나요?
  - 8개
- 8개로 반죽을 나누어 봅시다. 반으로 나누면 반죽이 몇 개가 될까요?
  - 2개가 된다.
  - 2개를 다시 반씩 나누면 4개가 된다.
  - 4개를 다시 반씩 나누면 8개가 된다.
- 8개로 나누어진 반죽을 하나씩 나누어 가지세요.

○ 송편을 만든다.
- 송편을 만들어 봅시다.
  - 반죽을 손바닥 위에 올려놓고 동그랗게 빚는다.
  - 손가락을 사용하여 구멍을 만든 후, 밤소를 넣는다. TIP 3
  - 소가 나오지 않도록 구멍을 잘 막는다.
  - 송편을 예쁘게 빚는다.

○ 요리 재료와 도구들을 정리한다.

○ 완성된 요리를 간식으로 먹는다.

송편 만들기

> **TIP 3** 엄지손가락으로 구멍을 크고 깊숙하게 만들어 밤소가 충분히 들어갈 수 있도록 한다. 단, 반죽이 뚫리지 않게 주의해야 함을 알린다.

유의점

- 송편을 찌는 시간을 고려하여 요리활동 시작 시간 약 1시간~1시간 30분 후로 간식 시간을 정한다. 예를 들어 9시 20분에 송편 만들기를 계획하였다면 간식을 먹는 시간은 약 10시 20분~10시 50분 내외가 된다.
- 유아들이 송편 빚는 과정에 성인의 도움이 필요하다. 사전에 학부모에게 도움을 청해 가급적 책상별로 교사 혹은 학부모가 1명씩 앉아 유아들을 도와주도록 한다.

관련활동

- 이야기나누기 '추석' (52쪽 참고)
- 조형 영역 '점토로 떡 만들기' (42쪽 참고)
- 노래 '송편' (61쪽 참고)
- 과학 '송편소 만들기' (56쪽 참고)

활동 22 송편

활동목표

- 추석 풍습에 대해 안다.
- 전통문화에 친숙해지고 관심을 갖는다.

활동방법

○ 송편에 대해 이야기 나눈다. TIP

- 우리나라 사람들이 옛날부터 추석에 만들어 먹던 떡은 무엇인가요?
  - 송편
- ○○○ 반 어린이들도 송편을 만들어 보았어요. 어떻게 만들었나요?
  - 송편 속에 넣을 밤소를 만들었다.
  - 쌀가루 반죽을 떼어 동그랗게 만든 다음 구멍을 내서 밤소를 넣고 다시 구멍을 닫아 주었다.
- 밤소가 든 송편 말고 또 어떤 소가 든 송편을 먹어 보았나요?
  - 깨, 콩

○ 노래자료를 사용하여 수수께끼를 낸다.

- 선생님이 송편을 가지고 왔어요. (노래자료를 보여주며) 송편 속에는 각각 다른 소가 들어 있어요. 송편 속에 어떤 소가 들어 있는지 봅시다.
- 흰색 송편에는 어떤 소가 들어 있을까요? (노래로) '내가 만든 송편엔 무엇이 들었나?'
- (자료를 조작하면서 노래 부르며) '랄라랄라랄라랄라 밤이 들은 밤 송편'

○ 교사가 노래를 부른다.

- 이 노래를 선생님이 다시 한 번 불러 줄게요.

○ 피아노로 노래의 멜로디를 들려준다.

○ 교사와 유아가 다 같이 노래를 부른다.

관련활동

- 이야기나누기 '추석' (52쪽 참고)
- 조형 영역 '점토로 떡 만들기' (42쪽 참고)
- 과학 '송편소 만들기' (56쪽 참고)
- 과학 '송편 빚기' (58쪽 참고)

집단형태

대집단활동

활동유형

노래

활동자료

노래자료(부직포로 만든 송편이 붙어 있는 판–송편 속을 열어 볼 수 있도록 만듦), 송편 소로 넣을 밤 · 깨 · 콩, 장구

'송편' 노래자료

TIP '송편 만들기' 요리 활동을 한 후 본 활동을 실시한다.

악보

송편

작사 · 곡 장현진

2. 전통놀이

민속놀이 / 윷놀이하기 / 투호 / 무동이의 팽이 / 제기 제기 발로 차차
/ 사방치기판 건너 돌아오기 / 사자탈 만들기 / 사자춤 / 이화가족 가을놀이마당
/ 고깔 만들기 / 소고춤 / 소고 치고 전달하기 / 우리나라 탈 공판화
/ 응원가 / 호박전 만들기

활동 1

민속놀이

집단형태

대집단활동

활동유형

이야기나누기

활동자료

윷놀이, 팽이치기, 제기차기, 투호의 실물 자료 또는 사진 자료

TIP 1 추석 전후에 유아들이 마당에서 민속놀이를 할 수 있도록 팽이, 제기, 투호 등의 놀잇감을 준비해 준다.

TIP 2 팽이가 돌아가는 모습을 보며 교사가 '팽이' 노래를 불러 주거나 유아들과 함께 불러 볼 수 있다.

활동목표

- 민속놀이의 명칭과 놀이 방법에 대하여 안다.
- 민속놀이를 즐기는 태도를 기른다.

활동방법

○ 마당에서 민속놀이 했던 경험을 이야기 나눈다. TIP 1

- 마당놀이 시간에 민속놀이를 해보았나요? 어떤 놀이를 했나요?
  - 팽이를 돌려 보았다.
  - 화살을 던져서 통 속에 넣는 놀이(투호놀이)를 해보았다.

○ 민속놀이의 명칭과 방법에 대하여 이야기 나눈다.

| 팽이치기 |

- 팽이는 어떻게 하는 것일까요?
- 팽이가 돌아가는 모습을 살펴봐요. 팽이가 어떻게 되나요? TIP 2
  - 팽이 윗면에 있는 색깔이 섞여서 보인다.
  - 팽이가 돌아가는 모습이 재미있다.
  - 빙글빙글 돌아가다가 비틀거리면서 멈춘다.

| 제기차기 |

- 어떤 놀이인지 알아맞혀 보세요. "나는 발로 차면서 하는 놀이예요. 나를 오래 찰수록 잘 하는 거예요. 몇 번 차는지 세어 보기도 하지요. 나는 무엇일까요?"
  - 제기
- 제기차기는 어떻게 하는 놀이인가요?
  - 제기를 땅에 떨어지지 않게 계속 발로 차올리는 놀이이다.
  - 한쪽 다리의 무릎을 바깥쪽으로 향하게 한 뒤 다리를 안쪽으로 들어 올려서 발로 제기를 찬다.

| 투호 |

- 마당에서 투호를 해보았나요?
- 투호는 어떻게 하는 놀이인가요?
  - 화살을 던져 통 속에 넣는 놀이이다.
  - 통 안에 화살을 많이 넣는 사람이 이긴다.

| 윷놀이 |

■ (윷가락을 보여주며) 이것을 본 적 있나요? 이것으로 무슨 놀이를 할 수 있나요?

• 윷놀이

■ 윷놀이를 해본 적 있나요?

• 가족과 함께 집에서 해보았다.

■ 누가 나와서 윷을 던져 볼까요?

• 유아 1명이 나와서 윷을 던져 본다.

■ 어떻게 됐나요?

• 3개는 볼록한 면이 위를 보고, 1개는 뒤집어졌다.

■ 이렇게 1개가 뒤집히면 '도' 라고 부르고 몇 칸을 가는 것인가요?

• 1칸 갈 수 있다.

■ 볼록한 면 1개가 위를 보면 '걸' 이라고 불러요.

• 3칸

■ 개 · 윷 · 모에 대해서도 알아본다.

■ 윷이 뒤집힌 수만큼 말판에서 말을 옮겨서 말이 먼저 도착하는 편이 이기는 게임이에요.

■ 방안놀이 시간에 수학 · 조작 영역에서 할 수 있도록 놓아 둘게요.

○ 수학 · 조작영역이나 마당에서 민속놀이를 해볼 수 있도록 놀잇감을 제공해 준다.

확장활동

■ 본 활동에서 이야기 나눈 민속놀이를 유아들이 실내자유선택활동 시간을 통해 해볼 수 있도록 놀잇감을 준비한다.

관련활동

■ 수학 · 조작 영역 '윷놀이하기' (66쪽 참고)

■ 실외 영역 '투호' (68쪽 참고)

■ 이야기나누기 '이화가족 가을놀이마당' (80쪽 참고)

■ 동극 '무동이의 팽이' (69쪽 참고)

■ 동시 '제기 제기 발로 차자' (73쪽 참고)

활동 2

윷놀이하기

집단형태

대집단활동

활동유형

수학 · 조작 영역

활동자료

윷, 윷판, 말(각 편당 1~4개)

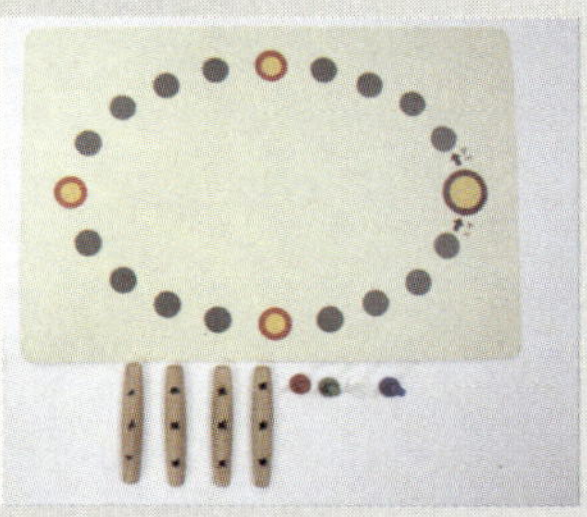

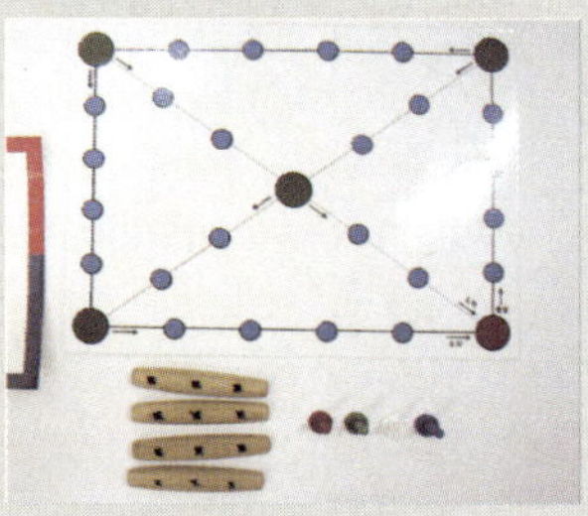

실물 활동자료 예

윷놀이하기

TIP 처음에는 각 편당 말을 1개씩만 사용한 후 유아들이 윷놀이의 방법과 규칙에 익숙해지면 말을 2~3개로 늘려 게임한다. 상대편의 말과 같은 칸에 도착했을 때에는 말을 잡을 수 있는 규칙도 적용할 수 있다.

활동목표

- 윷놀이 방법을 안다.
- 게임 규칙을 지키며 즐겁게 게임한다.

활동방법

○ 수학 · 조작 교구를 살펴보며 윷놀이 방법을 알아본다.

- 윷놀이를 해본 적이 있나요? 언제, 누구와 함께 해보았나요?
  - 명절 때 가족, 친척들과 함께 해보았다.
- 윷놀이를 할 때 무엇이 필요했나요?
  - 윷, 윷판, 말
- 윷놀이는 어떻게 하는 놀이인가요?
  - 윷을 던져 윷이 뒤집힌 개수에 따라 윷판 위 말을 움직인다.
- 윷가락이 모두 몇 개인가요?
  - 4개
- 윷가락 한 개가 뒤집힌 것을 '도' 라고 해요. '도' 가 나오면 말을 1칸 앞으로 움직여요.
- 윷가락 두 개가 뒤집힌 것을 '개' 라고 해요. '개' 가 나오면 말을 2칸 앞으로 움직여요.
- 윷가락 세 개가 뒤집힌 것을 '걸' 이라고 해요. '걸' 이 나오면 말을 3칸 앞으로 움직여요.
- 윷가락 네 개가 모두 뒤집힌 것을 '윷' 이라고 해요. '윷' 이 나오면 말을 4칸 앞으로 움직여요.
- 윷가락이 하나도 뒤집히지 않은 것을 '모' 라고 해요. '모' 가 나오면 말을 5칸 앞으로 움직여요.
- 윷판을 한 바퀴 먼저 돌아오는 사람이 이기는 게임이에요.
- 윷판의 노란색 칸에 말이 도착하면 지름길로 갈 수 있어요.

○ 게임을 한다. **TIP**

- 가위, 바위, 보를 해서 순서를 정해 보세요.
- 말을 1개씩 나누어 가지세요.

- 이긴 편부터 윷을 던져서 윷이 몇 개 뒤집어졌는지 보고 말을 앞으로 움직이세요.
- 윷이 몇 개 뒤집어졌나요? 몇 칸 앞으로 가야 하나요?

○ 게임의 결과를 알아본다.

- 어떤 편의 말이 윷판을 한 바퀴 돌아 먼저 들어왔나요?
- 이번에는 말의 개수를 2개로 늘려 다시 게임을 해봐요.

○ 놀이를 마치고 나서 교구를 분류 · 정리한 후 교구장에 가져다 놓는다.

관련활동

- 이야기나누기 '민속놀이' (64쪽 참고)

활동 3

투호

집단형태

자유선택활동

활동유형

실외 영역

활동자료

투호용구(화살 TIP, 통)

TIP 화살은 나무 막대를 50cm 길이로 잘라 한쪽 끝에 사인펜 뚜껑을 끼우고 다른 한쪽 끝에는 비닐끈을 매달아 만든다. 편 표시를 할 수 있도록 편 색깔 리본을 달거나 색테이프를 붙여 놓는다.

화살

마당에서 투호 하기

활동목표

- 투호의 방법을 알고 즐겁게 참여한다.
- 팔의 힘을 조절하는 능력과 눈과 손의 협응력을 기른다.
- 전통놀이에 친숙해지고 관심을 갖는다.

활동방법

○ 마당놀이를 하기 전, 유아들에게 투호를 소개한다.

- (화살, 통을 보여주며) 무엇이 있나요?
  - 화살, 통
- 이것은 투호 놀이를 할 때 필요한 놀잇감이에요. 이것들로 어떻게 놀이를 할 수 있을까요?
  - 화살을 던져 통에 넣는다.
- 화살을 던져서 통 속에 많이 넣는 편이 이기는 놀이예요.
- 이 놀이를 '투호' 라고 해요.
- 투호는 옛날 우리나라 사람들이 즐겨 하던 놀이에요.
- 옛날 사람들은 잔디밭에 항아리를 놓고 항아리에서 10걸음쯤 떨어진 곳에서 화살을 던져 항아리 속에 넣었다고 해요.
- 우리는 유치원 마당에서 투호를 하기로 해요.

○ 마당놀이 시간에 투호를 한다.

- 투호를 하고 싶은 사람들은 모여 보세요. 편을 나누어 봅시다.
- 각 편이 노란색 혹은 분홍색 화살을 나누어 가지세요.
- 통에서 3걸음 떨어진 곳에 서서 화살을 던지는 거예요. 노란편, 분홍편에서 한 사람씩 차례대로 화살을 던지세요.
- 통에 들어간 화살의 수를 세어 봅시다. 노란색(분홍색) 화살이 몇 개인가요?
- 무슨 색 화살이 더 많나요? 어느 편이 이겼나요?
- 이번에는 5걸음 떨어진 곳에서 던져 봅시다.

유의점

- 교사는 투호살의 끝부분이 뾰족하지 않은지 점검하고, 유아들이 안전하게 놀이할 수 있도록 지도한다.

활동 4

무동이의 팽이

집단형태

대집단활동

활동유형

동극

활동자료

테이블 동화자료, 낮은 책상, 동극자료(팽이, 솔방울, 역할 머리띠)

'무동이의 팽이' 동화자료

활동목표

- 팽이의 특징과 팽이를 치는 방법을 안다.
- 등장인물의 특성에 맞게 말과 몸짓으로 표현한다.
- 동극을 관람하는 바른 태도를 기른다.

활동방법

○ 동화를 듣고 난 뒤 동극을 할 것임을 알려준다.

- 동화를 듣고 동극을 하는 데 필요한 사항을 당부한다.
  - 어떤 등장인물이 나와서 어떤 말을 하는지 기억하면서 듣는다.
  - 동극을 하기 위해서는 어떤 준비물과 무대가 필요할지 생각하면서 듣는다.

○ '무동이의 팽이' 테이블 동화를 들려준다.

○ 유아들과 동화의 내용과 대사를 회상한다.

- 무동이가 솔방울을 주우러 산에 갔다가 무엇을 찾았나요?
  - 팽이
- 무동이가 뭐라고 말했나요? 다 같이 말해 보세요.
  - 어, 팽이잖아? 돌려 봐야지.
- 팽이가 돌아가지 않자 무동이는 뭐라고 했나요?
  - 어, 잘 안 돌아가네.
- 무동이는 제일 처음에 누구를 만났나요?
  - 두더지
- 두더지가 집 밖으로 나오는 모습을 흉내내 보세요.
- 선생님이 무동이가 되고 ○○○반 어린이들이 두더지가 되어서 이야기해 보도록 해요.
- 그 다음에 무동이는 누구를 만났나요?
  - 토끼(호랑이 / 거북이 / 다람쥐)
- 토끼(호랑이 / 거북이 / 다람쥐)가 움직이는 모습을 흉내내 보세요.
- 무동이와 토끼(호랑이 / 거북이 / 다람쥐)가 되어 이야기해 봅시다. TIP
- 다람쥐가 팽이를 돌리는 모습을 보고 무동이가 뭐라고 말했나요?
  - 와, 잘 돌아간다. 다람쥐야 나도 팽이 돌리는 방법을 알려줘. 우리 같이 팽이 돌리면서 놀자.

TIP 동화 회상 시 등장인물의 대사를 이야기할 때에는 유아들이 다양한 역할을 맡아 이야기해 볼 수 있도록 여러 가지 방법으로 유아들을 그룹핑한다.(예: 의자에 앉은 유아들과 바닥에 앉은 유아들 / 남자 유아들과 여자 유아들 등).

○ 동극 무대 꾸미기에 대해 의논하고 무대를 꾸민다.

■ 동극을 하려면 어떤 곳이 필요할까요?

• 숲 속, 두더지집, 토끼집, 호랑이굴, 연못, 다람쥐집이 필요하다.

■ 숲 속 두더지집(토끼집, 호랑이굴, 연못, 다람쥐집)은 어디로 할까요?

■ 어떻게 꾸며 줄까요?

○ 동극 소품을 준비한다.

■ 동극을 하기 위해서 어떤 물건이 필요한가요? 무엇으로 할까요?

• 솔방울이 필요하다. 조형 영역의 꾸미기 재료통에 솔방울이 있다.

• 팽이가 필요하다.

○ 동극의 배역을 정한다.

■ 동화에 누가 나왔나요?

• 무동이, 두더지, 토끼, 호랑이, 거북이, 다람쥐

■ 어떤 역할을 하고 싶은지 생각해 보세요.

■ 무동이(두더지, 토끼, 호랑이, 거북이, 다람쥐) 역할을 하고 싶은 사람을 손을 드세요.

○ 배역을 맡은 유아들이 앞으로 나와 한 줄로 서서 자기소개와 인사를 한다.

■ 역할을 맡은 사람들은 앞으로 나오세요. 차례대로 자신이 맡은 역할과 이름을 말하세요.

• 저는 무동이(두더지, 토끼, 호랑이, 거북이, 다람쥐)를 맡은 ○○○ 입니다.

○ 동극할 준비를 한다.

■ 무동이는 무대 가운데로 가세요. 다른 동물들은 자기 집으로 가서 준비를 하세요. 앉아 있는 사람들이 동극을 잘 볼 수 있도록 선생님도 자리를 옮길게요.

○ 동극을 한다.

■ 지금부터 ○○○ 반 어린이들의 '무동이의 팽이' 동극을 시작하겠습니다.

○ 동극이 끝나면 동극을 한 유아들이 인사를 하고 자리에 앉는다.

○ 동극을 평가한다.

■ 동극이 재미있었나요? 어떤 점이 재미있었나요?

• 다람쥐가 팽이를 돌리는 것이 재미있었다.

• 호랑이가 '어흥' 하는 울음소리를 흉내 낸 것이 재미있었다.

■ 어떻게 하면 동극을 더 재미있게 할 수 있을까요?

• 토끼가 나올 때 '산토끼' 노래를 부르면 재미있을 것 같다.

○ 두 번째 동극의 배역을 정한다.

○ 배역을 맡은 유아들이 앞에 나와서 자기소개와 인사를 한 뒤 2차 동극을 한다.

○ 동극이 끝나면 동극을 한 유아들이 인사를 하고 자리에 앉는다.

○ 유아들과 함께 무대를 정리한다.

관련활동

- 이야기나누기 '민속놀이' (64쪽 참고)

동 화

무동이의 팽이

무동이는 산 아래 마을에 살고 있었습니다. 어느 날 무동이는 솔방울을 주우러 산에 갔습니다. 솔방울을 줍고 있는데, 솔방울들 사이에서 어떤 물건을 발견했습니다. 자세히 보니 그것은 팽이였습니다.

무동이 어, 팽이잖아? 한 번 돌려 봐야지.

무동이는 팽이를 이리저리 돌려 보았습니다.

무동이 어, 잘 안 돌아가네.

팽이가 잘 돌아가지 않자, 무동이는 팽이를 들고 집으로 가기로 했습니다. 길을 가던 무동이는 두더지집을 보았습니다. 무동이가 걸어오는 소리를 듣고 두더지가 집 밖으로 나왔습니다.

무동이 두더지야, 안녕? 너 팽이 돌릴 줄 아니?
두더지 뭐, 팽이라고? 나는 땅을 파는 법밖에 몰라.
무동이 그래? 그럼 할 수 없지. 잘 있어.

무동이는 계속 길을 걸어갔습니다. 가다 보니 이번에는 토끼집이 보였습니다. 토끼가 집에서 깡충깡충 뛰어나왔습니다.

무동이 토끼야, 안녕? 너 팽이 돌릴 줄 아니?
토　끼 뭐, 팽이라고? 나는 깡충깡충 뛰는 법밖에 몰라.
무동이 그래? 그럼 할 수 없지. 잘 있어.

무동이는 다시 길을 걸어갔습니다. 계속 가다 보니 이번에는 호랑이 굴이 보였습니다. 호랑이는 굴속에서 어슬렁어슬렁 걸어 나왔어요.

무동이 호랑이야, 안녕? 너 팽이 돌릴 줄 아니?
호랑이 뭐, 팽이라고? 나는 '어흥' 하고 우는 법밖에 몰라.
무동이 그래? 그럼 할 수 없지. 잘 있어.

무동이가 길을 가다 보니 이번에는 연못이 보였습니다. 연못에서 거북이가 엉금엉금 기어 나왔습니다.

무동이 거북이야, 안녕? 너 팽이 돌릴 줄 아니?

거북이 뭐, 팽이라고? 나는 엉금엉금 기는 법밖에 몰라.

무동이 그래? 그럼 할 수 없지. 잘 있어.

무동이가 연못을 지나 걸어가는데 나무 구멍에 있는 다람쥐집이 보였습니다. 다람쥐는 도토리를 가지고 놀고 있었습니다.

무동이 다람쥐야, 안녕? 너 팽이 돌릴 줄 아니?

다람쥐 뭐, 팽이라고? 내가 가지고 노는 도토리랑 비슷하게 생겼잖아.
어디 한 번 돌려 볼까?

다람쥐는 팽이를 돌려보았어요.

무동이 와, 잘 돌아간다. 다람쥐야 나도 팽이 돌리는 방법을 알려줘.
우리 같이 팽이 돌리면서 놀자.

다람쥐는 무동이에게 팽이 돌리는 방법을 알려주었습니다. 무동이와 다람쥐는 함께 팽이를 돌리며 재미있게 놀았습니다.

활동 5

제기 제기 발로 차자

집단형태

대집단활동

활동유형

동시

활동자료

제기(제기, 막대에 달아 놓은 제기)

활동목표

- 제기의 특징과 놀이 방법을 안다.
- 민속놀이에 친숙해지고 관심을 갖는다.
- 반복된 구절을 낭송하며 운율을 느낀다.

활동방법

○ 제기에 대해 이야기 나눈다.

- (제기를 보여주며) 이것은 무엇일까요?
  - 제기
- 제기는 옛날부터 우리나라 사람들이 가지고 놀던 놀잇감이에요.
- 제기를 가지고 놀아 본 적이 있나요? 어떻게 가지고 노는 건가요?
  - 발로 차며 가지고 논다.
  - 떨어뜨리지 않고 많이 차는 사람이 이기는 시합을 하며 놀이한다.
- (막대에 달아 놓은 제기가 움직이는 모습 보여주며) 제기가 움직이는 모습을 보세요. 제기가 무엇을 하는 것 같나요?
  - 뛰뛰기를 하는 것 같다.
  - 춤을 추는 것 같다.

○ '제기 제기 발로 차자' 동시를 소개한다.

- 제기를 찰 때 제기의 모습을 보고 지은 동시가 있어요.
- 이 동시의 제목은 '제기 제기 발로 차자' 이고, 이은화 선생님께서 지으셨어요.

○ 교사가 '제기 제기 발로 차자' 동시를 낭송다.

○ 교사와 유아가 동시를 나누어서 낭송한다.

- ○○○반 어린이들이 '제기 제기 발로 차자' 부분을 낭송하면 선생님이 나머지 부분을 낭송할게요.

○ 교사와 유아가 다 같이 낭송한다.

○ 동시를 처음부터 끝까지 낭송할 수 있는 유아가 낭송해 본다.

관련활동

- 이야기나누기 '민속놀이' (64쪽 참고)

동 시

제기 제기 발로 차자

이은화

제기 제기 발로 차자
이쪽저쪽 달아다네

제기 제기 발로 차자
나폴 나폴 춤을 추네

제기 제기 발로 차자
톡톡 튀며 도망가네

제기 제기 발로 차자
하나, 둘, 셋, 넷

활동 6

사방치기판 건너 돌아오기

활동목표

- 우리나라 전통놀이인 사방치기 놀이에 관심을 갖는다.
- 다리의 근력을 기른다.

활동방법

○ 사방치기판을 건너는 방법에 대해 이야기 나눈다.

- ○○반 어린이들 앞에 무엇이 있나요?
  - 사방치기판
- 사방치기 놀이를 해보았나요? 사방치기판 위에서 몸을 어떻게 움직였나요?

TIP

- 사방치기판은 10개의 칸으로 이루어졌어요. 각 칸에는 1~10까지 숫자가 있어요. 차례대로 양발, 외발을 번갈아가며 칸을 밟고 지나가는 거예요.

○ 교사와 유아가 사방치기판 건너기 시범을 보인다.

- 선생님이 사방치기판을 건너 볼게요.
- 앞에 나와서 사방치기판을 건너는 것을 보여 줄 수 있는 사람이 있나요?

○ 게임방법을 소개한다.

- 양편에서 한 사람씩 나와 출발 표시 위에 서서 준비하세요.
- 선생님이 출발 신호를 하면 사방치기판을 지나가세요.
- 반환점을 돌아 선생님이 있는 곳까지 달려와서 선생님과 먼저 악수를 한 사람이 이기는 거예요.

○ 게임 방법을 시범 보인다.

○ 응원 태도에 대해 소개한다.

- 다른 사람이 게임을 할 때 앉아 있는 사람들은 어떻게 해야 할까요?
  - 바르게 앉아서 다른 사람이 게임하는 것을 본다.
  - 응원을 한다. 이긴 사람에겐 박수를 쳐 주고 진 사람에게는 끝까지 잘하라는 응원을 한다.

○ 편 이름을 정한다.

- 편 이름은 무엇으로 하고 싶나요?
  - 하늘편, 땅편

집단형태

대집단활동

활동유형

신체(게임)

활동자료

출발 표시, 사방치기판 2개, 반환점 2개, 신호악기, 평가자료(블록)

'사방치기판 건너 돌아오기' 활동자료

TIP 유아들이 마당놀이 시간에 사방치기판 건너기 놀이를 익숙하게 경험한 이후에 본 게임을 실시한다.

사방치기판 건너 돌아오기

○ 평가 방법을 이야기한다.

- 먼저 들어온 사람이 속한 편에게 블록 한 개를 줄 거예요.
- 블록이 많은 편이 이기는 게임이에요.

○ 게임을 한다.

○ 게임을 평가한다.

- 먼저 하늘편의 블록을 같이 세어 보세요. 이번엔 땅편의 블록을 같이 세어 보세요.
- 어느 편 블록이 더 많나요?
  - 하늘편 블록이 더 많다.
- 이번 게임은 하늘편이 이겼어요. 하늘편 어린이들에게 잘 해주었다고 박수쳐 주세요. 땅편 어린이들도 함께 열심히 게임했다고 박수쳐 주세요.

○ 응원 태도에 대해 평가한다.

- 하늘편과 땅편 모두 바르게 앉아서 응원을 잘 해주었나요?
- 바르게 앉아서 응원한 하늘편과 땅편 어린이들은 즐겁게 게임했다고 서로에게 박수쳐 주세요.

○ 2차 게임을 하고 평가한다.

○ 유아들과 함께 게임자료를 정리한다.

관련활동

- 이야기나누기 '민속놀이' (64쪽 참고)

활동 7

사자탈 만들기

의식주 생활

전통놀이

전통예술

상징

활동목표

- 북청사자놀이에 대해 관심을 갖는다.
- 전통문화에 친숙해지고 관심을 갖는다.

활동방법

○ 활동을 소개한다.
- 북청사자놀이에 대해 알고 있나요? 어떤 놀음인가요?
  - 북청이라는 마을에서 사자탈을 쓰고 집집마다 다니면서 춤을 추는 놀이이다. 사자춤을 추면 나쁜 기운이 없어져 좋은 일이 많이 생긴다고 믿었다.
- 북청사자놀이에서 사자춤을 출 때 쓰는 탈을 만들어 볼 거예요.

○ 조형 재료를 살펴보며 사자탈을 만드는 방법을 소개한다.
- 어떤 재료들이 있나요?
  - 종이봉투, 색 비닐 끈, 셀로판테이프, 크레파스, 본드
- 이 재료들로 사자탈 만드는 방법을 알려 줄게요.
  - 종이봉투를 썼을 때 앞을 볼 수 있도록 종이봉투의 눈 부분에 구멍을 뚫는다.
  - 종이봉투의 가장자리에 색 비닐 끈을 붙여 사자의 갈퀴를 만든다.
  - 크레파스로 사자의 수염, 코, 입 등을 그린다.

○ 사자탈을 만든다.
- 먼저 종이봉투의 뒷면에 이름을 쓰세요.
- 탈의 눈 부분에 구멍을 뚫어야 해요. 종이봉투를 쓰고 눈 부분을 손으로 짚으면 선생님이 표시해서 뚫어 줄게요.
- 색 비닐 끈을 종이봉투의 가장자리에 붙여 사자의 갈퀴를 만들어 보세요.
- 눈썹, 코, 입, 수염 등을 그려 사자의 얼굴을 꾸며 보세요.

○ 완성된 사자탈은 사자춤을 출 때에 활동자료로 활용하거나 벽면에 전시한다.

관련활동

- 율동 '사자춤' (78쪽 참고)
- 조형 영역 '우리나라 탈 공판화' (89쪽 참고)

집단형태

자유선택활동

활동유형

조형 영역

활동자료

종이봉투, 크레파스, 4~5cm 길이로 미리 잘라 놓은 색 비닐 끈, 칼, 셀로판테이프, 무독성 본드

'사자탈 만들기' 작업 준비

사자탈 만들기

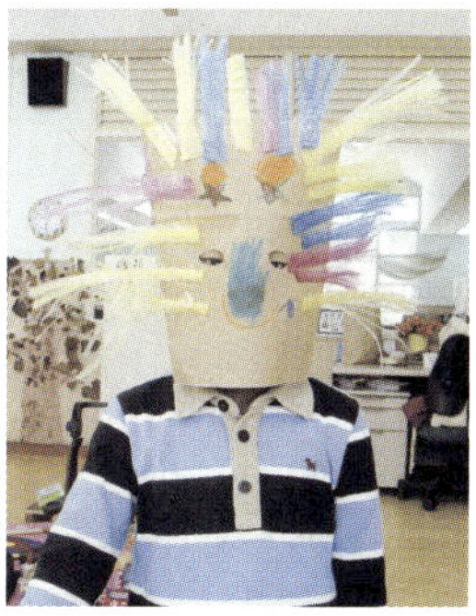

사자탈 작품

활동 8

사자춤

집단형태
중집단활동(약 15명)

활동유형
율동

활동자료
북청사자놀이 동화, 북청사자놀이 동영상, 영상자료, 컴퓨터, 빔프로젝터, 스크린, 장구, 소고, 사자탈

2~3명 유아가 사자춤 동작 시범 보이기

TIP 교실에 빔프로젝터와 스크린이 설치되어 있는 경우, 유아들이 사자춤을 출 때 무대 뒤편으로 사자춤 동영상을 상영하면 유아들의 동작 표현에 도움이 된다. 조형활동으로 사자탈을 만들어 율동 시 착용하면 즐겁게 사자춤을 출 수 있다.

활동목표
- 북청사자놀이에 대해 관심을 갖는다.
- 사자춤 동작을 탐색하고 표현한다.

활동방법
○ 북청사자놀이 동화를 들은 후 사자춤에 대해 이야기를 나눈다.
- 동화에서 왜 사자춤을 추었나요?
  - 힘이 센 동물인 사자가 마을의 안 좋은 일들을 물리치고 걱정 없이 잘 지낼 수 있도록 해준다고 생각하여 사자춤을 추었다.

○ 영상 자료를 보며 사자춤에 대해 이야기를 나눈다.
- 사자탈 안에 모두 몇 사람이 들어가 있을까요?
  - 두 사람
- 왜 두 사람이라고 생각했나요?
  - 사자 다리 네 개를 만들려면 사람이 두 명 필요하다.
- 사자가 어떻게 움직이나요? 어떤 동작을 하나요?

○ 유아 2~3명과 교사가 사자춤 동작을 표현한다.
- 누가 나와서 사자처럼 움직이는 모습을 보여줄 수 있나요?

○ 동작을 평가한다.
- ○○가 몸을 어떻게 움직였나요? 사자의 어떤 모습을 표현한 것인가요?
- 또 다른 동작을 보여줄 수 있는 사람이 있나요?

○ 유아들이 반 집단씩 나와 사자춤을 춘다. TIP
- 바닥에 앉아 있는 사람은 사자가 되어 사자춤을 출 거예요. 의자에 앉은 사람들은 소고를 들고 장단을 쳐 주세요.
- 이번에는 역할을 바꾸어서 해봅시다.

○ 사자탈을 쓰고 북청사자놀음 이야기에 맞도록 사자춤을 춘다.
- 선생님이 이야기를 들려줄게요. 이야기를 들은 후에는 이야기의 내용에 맞추어 사자춤을 추거나 소고를 연주할 거예요.
- (이야기를 들려준 후) 이야기에 맞추어 율동을 하려면 양반, 꼭쇠, 의사, 악사, 사자 역할이 필요해요. 선생님이 양반을 할테니 다른 역할을 정해 봅시다.

관련활동

- 조형 영역 '사자탈 만들기' (77쪽 참고)

동 화

북청사자놀이 이야기

한양 사는 양반이 중국으로 가서 사자를 샀어요. 사자를 데리고 한양으로 돌아오다가 북청이라는 고을을 지나게 됐어요.

양 반 한양은 천리 길인데 풍경 좋고 달도 밝은 북청 고을에서 한번 흥겹게 놀다 갈까. 여봐라, 꼭쇠야. 악사를 불러들여라.

꼭 쇠 예이.

악 사 (유아들이 소고를 연주한다.)

양 반 얼씨구 좋다, 얼씨구 좋아. 꼭쇠야, 사자를 불러들여라.

꼭 쇠 예이.

사 자 (무대로 나와서 엎드려 있다.)

꼭 쇠 양반님, 사자가 쓰러졌습니다.

양 반 뭐? 사자가 어떻게 되었다고?

꼭 쇠 사자가 배고파 누웠습니다. 아니, 사자가 죽었습니다.

양 반 뭐? 사자가 죽었다고? 여봐라, 꼭쇠야. 네가 만져 보아라.

꼭 쇠 예이.

양 반 아이고, 사자가 죽었구나, 죽었어. 이 일을 어쩌면 좋을까? 여봐라, 꼭쇠야, 의사를 불러들여라.

꼭 쇠 예이.

양 반 의사 선생님, 잘 좀 살펴봐 주시오.

의 사 이 사자가 간밤에 무얼 먹었습니까?

양 반 토끼를 먹었습니다.

의 사 아! 알겠습니다. 토끼를 먹은 것이 체한 것 같습니다.

양 반 체했다고요?

의 사 이 사자에게 하늘에서 내려온 감로수를 먹여야 합니다.

양 반 여봐라, 꼭쇠야. 감로수를 냉큼 가져오너라.

꼭 쇠 예이. 분부대로 가져왔습니다.

양 반 빨리 먹이어라.

의 사 이제 조금 지나면 사자가 움직일 것입니다. 마지막으로 침을 한 대 놓겠습니다.

사 자 (침 맞은 유아부터 하나 둘 일어난다.)

양 반 이제 살았구나, 살았어. 사자가 살았어. 얼씨구 좋다, 얼씨구 좋아. 한양 천 리 길이 금방이로구나.

악 사 (소고를 연주한다.)

사 자 (악사들의 소고 연주에 맞추어 사자춤을 춘다.)

소고 장단에 맞추어 사자춤 추기

사자탈 쓰고 사자춤 추기

활동 9 이화가족 가을놀이마당

집단형태

대집단활동

활동유형

이야기나누기

활동자료

전년도 이화가족 가을놀이마당 녹화 테이프, 청백 동그라미(유아 수만큼), 추첨통 2개(남, 여), 그림자료(청룡, 백호)

전년도 이화가족 가을놀이마당 영상물 감상하기

TIP 1 '이화가족 가을놀이마당' 명칭은 유치원 전원아가 함께 투표해서 정한 것이다.

TIP 2 전년도 이화가족 가을놀이마당에 참가했던 유아들의 이야기를 들어본다. 비디오를 볼 때에는 교사가 준비한 장면을 바로 볼 수 있도록 해당 장면의 재생시간을 미리 기록해 둔다. 비디오 촬영분이 없을 경우 사진을 보며 회상한다.

활동목표

- 이화가족 가을놀이마당의 일정에 대하여 안다.
- 이화가족 가을놀이마당에 필요한 일을 계획하고 실천한다.

활동방법

○ 이화가족 가을놀이마당에 대하여 이야기한다.
- 이번 주 토요일이 무슨 날인가요? TIP 1
- 이화가족 가을놀이마당은 이화유치원 가족들이 모두 모여서 놀이도 하고 게임과 율동, 체조도 하는 날이에요.
- 봄에는 이화가족 봄놀이마당에서 즐거운 시간을 보냈었지요.
- 이화가족 가을놀이마당에서 무엇을 하는지 알아보도록 해요.

○ 전년도 이화가족 가을놀이마당 녹화 테이프를 보면서 율동, 체조, 게임 등에 대하여 이야기 나눈다. TIP 2
- 무엇을 하고 있나요? 누가(누구와 함께) 하고 있나요?
- 어떻게 하는 게임일까요?
  - 공 던지기는 자기 편 골대에 공을 많이 넣는 게임이다.
  - 줄다리기는 줄을 잡아 당겨서 더 많이 당긴 편이 이기는 게임이다.
  - 색깔판 뒤집기는 자기 편 색깔이 보이게 색깔판을 뒤집는 게임이다.
- 이번 이화가족 가을놀이마당에서는 가족과 함께 골대에 공 던져 넣기, 줄다리기, 색깔판 뒤집기 등과 같은 즐거운 게임을 할거에요. 그리고 우리의 전통가락에 맞추어서 율동, 체조도 해요.

○ 이화가족 가을놀이마당 편을 나눈다.
- 이화가족 가을놀이마당 때 양편으로 나누어야 해요.
- 남자(여자) 어린이부터 한 명씩 나와서 추첨통에서 동그라미를 하나 꺼내세요. TIP 3
- 파란색은 청룡편이고, 흰색은 백호편이에요.
- 누가 어느 편이 되었는지 선생님이 이름을 적어 둘게요. 자신이 뽑은 동그라미는 뒤에 테이프를 붙여서 복도에 있는 개인장에 붙이고 오세요. TIP 4
- 청룡(백호)편 손 들어 보세요.

○ 이화가족 가을놀이마당을 준비하는 기간 동안 율동, 체조, 응원가 등을 배우거나 게임을 미리 연습해 보는 시간을 갖는다.

○ 이화가족 가을놀이마당이 열리기 전 날 귀가지도 시간에 이화가족 가을놀이마당에 임하는 자세와 태도에 대해 이야기를 나누며 각 편에 따른 복장을 갖추어 가족과 함께 유치원에서 만날 것을 안내한다.

- 이화가족 가을놀이마당에서 게임이나 율동, 체조를 할 때에는 어떤 마음으로 해야 할까요?
  - 기쁘고 즐거운 마음으로 신나게 율동하고 노래 부른다.
  - 바른 태도로 체조를 한다.
  - 게임에서 졌을 때도 속상해 하지 않고 상대편이 열심히 잘한 것을 칭찬해 준다.
  - 게임에서 이겼을 때에도 상대편이 열심히 한 것을 칭찬해 준다.
- 형, 누나, 부모님들께서 게임, 율동을 할 때에는 어떻게 해야 할까요?
  - 바르게 앉아서 열심히 응원한다.
  - 즐거운 마음으로 본다.
- 이화가족 가을놀이마당을 더욱 즐겁게 보내기 위해 같은 편끼리 같은 색깔의 옷을 입기로 했어요. 청룡편(백호편)은 무슨 색깔 옷을 입기로 했나요?
  - 파란색(하얀색)
- 내일 청룡(백호)편에 맞추어 옷을 입고 가족과 함께 유치원에서 만나요.

유의점

- 이화가족 가을놀이마당 프로그램은 교사회의를 통하여 결정하되, 유아들에게 하고 싶은 게임, 율동, 체조를 물어보고 유아들의 의견을 반영한다. 프로그램이 결정된 후에는 구체적인 교사 역할을 분담하여 행사가 원활히 진행될 수 있도록 준비한다.
- 이화가족 가을놀이마당은 유치원 전체 유아들과 가족이 한 자리에 모이는 큰 행사이므로 행사 하루 전날에 유아들과 이화가족 가을놀이마당 프로그램에 따라 예행연습(예: 행진하기, 응원하기, 노래부르기, 체조하기, 게임하기, 율동하기 등)을 실시한다.

관련활동

- 노래 '응원가' (90쪽 참고)
- 율동 '소고춤' (84쪽 참고)
- 조형 영역 '고깔 만들기' (82쪽 참고)
- 신체(게임) '골대에 공 넣기' (만 3세 '우리나라' 생활주제 55쪽 참고)
- 신체(게임) '색깔판 뒤집기' ('봄' 생활주제 60쪽 참고)

TIP 3 교사는 성별, 편별 유아 수를 미리 정해 두어 추첨통에 청백 동그라미를 계획한 인원 수에 맞게 넣어 놓는다. 유치원에 함께 다니고 있는 형제자매, 쌍둥이가 있는 경우 사전에 교사들이 협의하여 같은 편이 되도록 한다.

TIP 4 개인장에 자기 편 색깔 동그라미를 붙여 두면 유아들이 자신의 편을 익히는 데에 도움이 된다.

활동 10

고깔 만들기

집단형태

자유선택활동

활동유형

조형 영역

활동자료

하얀색 8절 도화지 TIP 1, 색한지(빨간색, 분홍색, 주홍색, 노란색, 초록색, 파란색), 색미농지(빨간색, 주홍색, 분홍색, 노란색, 초록색, 파란색) TIP 2, 풀, 색연필, 스테이플러, 펀치, 고무줄, 셀로판테이프, 소고춤을 추는 사진

‘고깔 만들기’ 작업 준비

TIP 1 도화지 정도 두께의 빳빳한 종이를 준비한다. 도화지에 미농지와 한지를 붙일 부분을 연필로 표시해 둔다.

TIP 2 고깔의 아랫부분에 붙일 한지는 6×4cm 정도, 양옆에 구겨 붙일 색미농지는 15×15cm 정도 사각형으로 잘라 준비해 둔다.

활동목표

- 고깔을 아름답게 꾸민다.
- 이화가족 가을놀이마당에 필요한 소품을 제작한다.

활동방법

○ 이화가족 가을놀이마당에서 소고춤을 추기로 한 계획을 상기시킨다.

- 이화가족 가을놀이마당에서 ○○○반 어린이들은 어떤 춤을 보여 주기로 했나요?
  - 소고춤
- (소고춤을 추는 사진을 보여주며) 옛날 사람들은 소고춤이나 농악놀이를 할 때 흥겨움을 돋우고 멋지게 보이려고 고깔 모양에 꽃 장식을 한 모자를 썼어요.

○ 고깔 만드는 방법을 이야기한다.

- 종이로 고깔을 만들어 볼 거예요. 머리에 쓰고 춤을 추려면 쉽게 찢어지지 않는 두꺼운 종이로 만들어야 해요.
- 양옆과 밑부분은 색지를 붙여 꾸밀 거예요.

○ 고깔을 만든다.

- 도화지 뒷면에 색연필로 이름을 쓰세요.
- 종이 아래쪽을 접으세요. 선생님이 미리 연필로 선을 표시해 놓았으니 선에 맞추어 접으세요.
- 접힌 부분에 색한지를 붙여 꾸밀 거예요. 여러 가지 색한지를 네모 칸 안에 차례대로 붙여 보세요.
- 동그라미가 그려진 부분이 보이나요? 이곳은 색한지보다 더 얇은 색미농지를 구겨서 붙일 거예요.
- 다 꾸민 도화지를 고깔 모양으로 말아 보세요. 다 만든 사람은 선생님이 머리 크기에 맞게 조절한 후 스테이플러로 찍어 고정시켜 줄 거예요.

○ 펀치로 양쪽에 구멍을 뚫어 고무줄을 연결한다. 유아가 썼을 때 고깔이 흘러내리지 않도록 고무줄의 길이를 조절하여 묶는다.

유의점

- 유아가 고깔에 박힌 스테이플러 심에 다치지 않도록 셀로판테이프를 붙여서 마감한다.

고깔 꾸미기

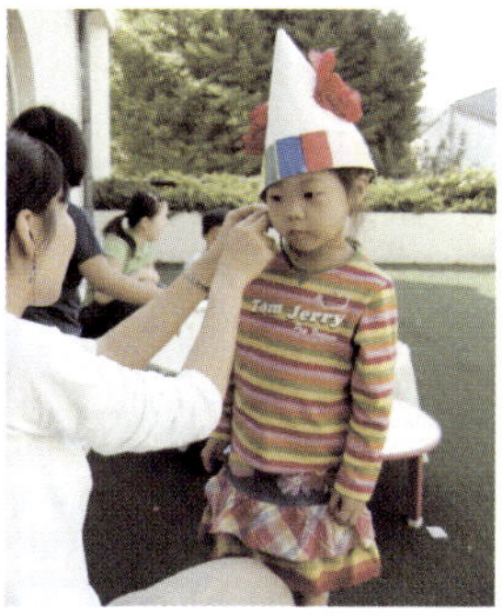

고깔에 고무줄 연결하기

관련활동

- 율동 '소고춤' (84쪽 참고)
- 이야기나누기 '이화가족 가을놀이마당' (80쪽 참고)

활 동 11

소고춤

집단형태

중집단활동(약 15명)

활동유형

율동

활동자료

밀양아리랑 CD, CD 플레이어, 소고(유아 수만큼) TIP 1

TIP 1 처음 소고춤을 배울 때는 소고 대신 손뼉을 치면서 배워 보도록 한다. 유아들이 동작에 익숙해진 후 소고를 들고 율동한다.

TIP 2 교사가 정확한 동작을 시범 보여 유아들이 동작을 익힐 수 있도록 한다.

활동목표

- 노래에 맞추어 규칙성 있는 동작을 표현한다.
- 우리 전통악기 소고를 연주한다.
- 우리 전통가락과 춤의 흥겨움을 느낀다.

활동방법

○ 교사가 치는 소고 소리에 맞추어 유아들이 박수를 쳐 본다.
- 이 악기는 무엇일까요?
  - 소고
- 선생님이 소고를 치면 따라서 박수를 쳐 보세요.
  - 다른 리듬으로 2~3번 정도 해본다.

○ 소고춤을 소개하고, '밀양 아리랑' 음악을 들어 본다.
- 이 음악을 들어 본 적 있나요? 이 음악은 우리나라 사람들이 부르는 '밀양 아리랑' 이라는 음악이에요.

○ 교사가 소고춤을 보여준다.
- '밀양 아리랑' 에 맞추어 율동을 보여 줄게요.

○ 교사가 유아에게 한 동작씩 알려준다. 교사가 시범을 보이고 유아들이 따라하게 한다. TIP 2

① 날 좀 보소 날 좀 보소 날 좀 보소
- 이 부분에서는 두 팔을 머리 위로 높이 들어 왼쪽, 오른쪽으로 번갈아 기울이세요.
- 팔을 옆으로 기울일 때마다 무릎을 구부리세요.

② 동지섣달 꽃 본 듯이 날 좀 보소
- 이 부분에서는 소고의 양편을 번갈아 치면서 앉았다가 일어나는 거예요.
- 왼손을 소고라고 생각하고 오른손으로 왼손의 손등과 손바닥을 번갈아 쳐 보세요.
- 손뼉을 6번 치는 동안 무릎을 점점 굽혀 앉으세요. 다시 손뼉을 6번 치는 동안 무릎을 점점 피면서 서는 거예요.

③ 아리아리랑 쓰리쓰리랑 아라리가 났네
- 무릎을 구부린 채 손뼉을 쳐요. 그러고 나서 제자리에서 뛰면서 한 팔은 위를, 다른 팔은 아래를 향해 털듯이 뻗어요.
- 이때 한 다리는 무릎을 굽힌 채로 위로 들어요. 다른 다리로 제자리에서 2번 뛰는 거예요.

④ 아리랑 고개로 날 넘겨 주소

- 이 부분에서는 소고를 가슴 높이에서 3번 치고 머리 위에서 3번 치세요. 지금은 소고 대신 손뼉을 쳐 볼게요.
- 손뼉을 칠 때마다 무릎은 굽혔다가 피세요.
- 이 동작을 2번 반복하세요.

○ 율동을 처음부터 끝까지 이어서 해본다.
○ 반 집단씩 나누어서 소고춤을 추고 평가한다.
○ 다함께 율동한다.

이화가족 가을놀이마당에서 소고춤 추기

관련활동

- 조형 영역 '고깔 만들기' (82쪽 참고)
- 이야기나누기 '이화가족 가을놀이마당' (80쪽 참고)

동작

노랫말 · 설명	동작
① 날 좀 보소 날 좀 보소 날 좀 보소 두 팔을 머리 위로 높이 들어 좌우로 4회 기울인다. 팔을 옆으로 기울일 때마다 무릎을 굽힌다.	
② 동지섣달 꽃 본 듯이 날 좀 보소 소고의 양편을 번갈아 치면서 앉았다가 일어난다. 소고를 6번 치는 동안 무릎을 점점 굽혔다가 다시 소고를 6번 치는 동안 무릎을 핀다.	

③ 아리아리랑 쓰리쓰리랑 아라리가 났네 무릎을 구부린 채 무릎 앞에서 손뼉을 한 번 친다. 그 후 제자리에서 뛰면서 한 팔은 위를, 다른 팔은 아래를 향해 털듯이 뻗는다. 이때 한 다리는 무릎을 굽힌 채 위로 들고 다른 다리로 제자리에서 2번 뛴다. 반대 방향으로 한 번 더 한다. 이 동작을 2회 반복한다.	
④ 아리랑 고개로 날 넘겨주소 소고를 가슴 높이에서 3번 치고 머리 위에서 3번 친다. 손뼉을 칠 때마다 무릎은 굽혔다 편다. 이 동작을 2회 반복한다.	

활동 12
소고 치고 전달하기

활동목표

- 민첩성을 기른다.
- 전통문화에 친숙해지고 관심을 갖는다.
- 게임 방법을 알고 규칙을 지키며 게임한다.
- 친구들과 협력하는 태도를 기른다.

활동방법

○ 소고를 살펴보며 게임 방법에 대해 이야기 나눈다.
- 선생님이 들고 있는 이 악기는 무엇인가요?
  - 소고
- 소고는 어떻게 연주하나요?
  - 둥근 가죽 부분을 손바닥으로 친다(교사가 소고 치는 모습을 보여준다).
- 소고를 치고 전달하는 게임을 할 거예요. 어떻게 하는 게임인지 알아봅시다.
  - 양편에서 제일 처음에 앉은 사람이 소고를 들고 준비한다.
  - 선생님이 출발 신호를 하면 소고를 한 번 치고 옆 사람에게 전달한다.
  - 전달받은 사람도 소고를 치고 옆 사람에게 전달한다.
- 마지막 사람은 소고를 치고 나서 선생님에게 달려와 소고를 주는 거예요.

○ 연습 게임을 한다.

○ 게임 시 지켜야 할 규칙에 대해 이야기한다.
- 게임을 할 때 어떤 규칙이 필요한가요?
  - 소고는 한 번씩만 치고 바로 옆 사람에게 전달한다.

○ 평가 방법을 이야기한다.
- 규칙을 잘 지키면서 소고를 먼저 가지고 온 편이 이기는 게임이에요.

○ 게임을 한다.

○ 게임을 평가한다.
- 어느 편이 먼저 소고를 가져왔나요?
- △△편에게 잘 해주었다고 박수쳐 주세요. ○○편에게도 열심히 게임해 주었다고 박수쳐 주세요.

○ 응원 태도를 평가한다.
- △△편과 ○○편 모두 바르게 앉아서 응원을 잘 해주었나요?
- 바르게 앉아서 응원한 △△과 ○○편에게 박수쳐 주세요.

집단형태

대집단활동

활동유형

신체(게임)

활동자료

소고 2개, 신호악기, 평가자료(태극 문양 6개), 게시판

활동대형

편대형

○ 유아들과 함께 게임자료를 정리한다.

관련활동

- 율동 '소고춤' (84쪽 참고)
- 수학 · 조작 영역 '사물악기와 채 연결하기' (121쪽 참고)
- 이야기나누기 '사물악기' (113쪽 참고)
- 음률 영역 '사물악기 연주하기' (115쪽 참고)

활동 13

우리나라 탈 공판화

의식주 생활
전통놀이
전통예술
상징

활동목표

- 탈의 생김새에 관심을 갖는다.
- 공판화 기법을 알고 판화를 찍어 본다.

활동방법

○ 공판화 기법을 소개한다.
- (공판화 틀을 보여주며) 판화 틀에 무슨 모양이 있나요?
  - 탈 모양 TIP 2
- 종이 위에 탈 모양 판화 틀을 올려놓고 물감을 칠하면 어떻게 될까요?
  - 구멍 뚫린 부분으로 물감이 들어가 종이 위에 묻어난다.
- 판화 틀의 구멍을 통해 물감이 들어가 종이 위에 모양이 나오는 것을 공판화라고 해요. 오늘은 탈 모양의 공판화 틀로 판화를 찍어 볼 거예요.

○ 판화를 찍어낼 종이 뒷면에 이름을 쓴다.

○ 이름을 쓰지 않은 면이 위로 오도록 종이를 놓고 판화 틀을 종이 위에 올려놓는다.
- 여러 가지 탈 모양 판화 틀 중에서 찍고 싶은 것을 골라 보세요.
- 판화 틀을 종이 위에 올려 보세요. 물감을 칠할 동안 판화 틀이 움직이지 않도록 선생님이 셀로판테이프를 붙여 줄게요.

○ 스펀지 붓에 물감을 충분히 묻힌 후 판화 틀의 구멍 부분을 두들긴다.
- 스펀지 붓에 물감을 묻히세요. 물감을 많이 묻히면 물감이 번져 탈 모양이 잘 나타나지 않으니 알맞게 묻히세요.
- 판화 틀의 구멍 뚫린 부분에 두드리듯이 물감을 묻혀 보세요.

○ 공판화 틀을 걷어낸다.

○ 공판화 틀의 무늬가 잘 찍혔는지 살펴본다.

○ 다 찍은 작품은 건조대 위에 올려놓아 말린다.

○ 긴 끈에 판화를 찍어낸 작품을 나란히 매달아 교실을 장식한다.

관련 활동

- 조형 영역 '사자탈 만들기' (77쪽 참고)

집단형태

자유선택활동

활동유형

조형 영역

활동자료

우리나라 탈 공판화 틀 TIP 1, 한지, 부직포를 깐 물감접시, 물감(3~4가지 색), 스펀지 붓

'우리나라 탈 공판화' 작업 준비

공판화 작품 전시

TIP 1 얇은 PVC판이나 폼보드에 탈 모양 그림을 스케치하고 물감이 찍힐 부분을 칼로 파낸다. 양반탈, 각시탈, 노장탈 등 여러 탈의 생김새를 단순화하여 그린 후 각 탈의 특징적인 부분이 찍힐 수 있도록 만든다.

TIP 2 판화 틀과 물감 색을 상태를 보아 가며 교체해 준다.

활동 14 응원가

집단형태

대집단활동

활동유형

노래

활동자료

청룡편 깃발(또는 인형), 백호편 깃발(또는 인형), 소고

'응원가' 노래자료

편대형으로 응원가 부르기

활동목표

- 응원의 의미와 방법을 배운다.
- 바르게 응원하는 태도를 갖는다.

활동방법

○ 유아들이 이화가족 가을놀이마당을 위해 정한 청룡편과 백호편으로 나누어 앉는다.

○ 응원을 해본 경험에 대해 이야기 나눈다.

- 응원을 해본 적이 있나요?
- 언제 응원을 해보았나요?
- 응원은 왜 하는 걸까요?
    - 경기를 하는 선수들이 힘을 내서 열심히 하도록 격려하기 위해서
    - 경기를 즐겁게 보기 위해서
- 어떻게 응원을 했나요?
    - 박수를 쳐 주었다.
    - 잘하라고 말해 주었다.
    - 응원가를 불렀다.

○ '응원가'를 함께 부른다.

- 응원할 때 부르는 노래 '응원가'를 불러 봅시다.

○ 교사가 노래를 부른다.

○ 피아노 소리로 음을 들려준다.

○ 유아들이 편 별로 노래를 나누어 부른다.

- 청룡편, 백호편이 노래를 나누어서 불러 봐요.
- '이 세상에 청룡 없으면 ~ 청룡이 최고야' 하는 부분은 청룡편이 부르세요.
- '아니야! 아니야! 백호가 최고야' 부분은 어느 편이 불러야 할까요?
    - 백호편
- '아니야! 아니야! 둘 다 최고야' 부분은 누가 불러야 할까요?
    - 청룡편과 백호편

○ 손동작을 하며 노래를 부른다.

- 노래를 부를 때 다 같이 몸을 움직이면 더 신나게 응원가를 부를 수 있어요. 앉은 자리에서 모두가 쉽게 할 수 있는 동작을 정해 봅시다.

■ 청룡편은 어떤 동작을 하면서 응원가를 부르고 싶나요?
  • 손뼉을 치면서 부른다.
■ 백호편은 어떤 동작을 하면서 응원가를 부르고 싶나요?
  • 손을 잡고 흔들면서 부른다.
■ 각 편이 정한 동작을 하면서 응원가를 불러 봅시다.

관련활동

■ 이야기나누기 '이화가족 가을놀이마당' (80쪽 참고)

악 보

응원가

활동 15 호박전 만들기

집단형태

소집단활동

활동유형

과학

활동자료

- 재료: 애호박(썰지 않은 것, 0.5cm 정도로 얇게 썰어 놓은 것), 계란, 밀가루, 소금, 식용유
- 기구: 전기 프라이팬, 접시, 투명 용기, 호박전을 담을 작은 그릇, 거품기, 뒤집개, 집게, 유아 개인 접시, 티스푼
- 기타: 요리보, 요리복

'호박전 만들기' 재료

활동목표

- 호박의 속성(색, 모양, 냄새, 촉감 등)을 탐색한다.
- 가열에 따른 재료의 변화를 관찰한다.
- 음식 조리용 도구와 기계의 사용방법을 알고 활용한다.

활동방법

○ 유아들이 등원하면 요리할 순서를 선택하게 한다.

○ 첫 번째 집단부터 손을 씻은 후 요리복을 입고 요리 책상에 모여 앉는다.

○ 활동을 소개한다.

- 호박전을 먹어본 적 있나요?
- 오늘은 호박전을 만들어 볼 거예요. '호박전' 은 얇게 썬 호박에 밀가루와 계란을 입힌 다음 팬에 지져낸 거예요.

○ 호박전 재료를 살펴본다.

- 호박전을 만들기 위해 필요한 재료를 살펴봅시다.
  - 호박, 밀가루, 소금, 식용유, 계란
- (썰지 않은 호박을 보며) 호박을 만져 보세요. 호박의 모양(색, 촉감, 냄새 등)이 어떤가요?
- 선생님이 호박을 썰어 볼게요. 자른 호박의 단면이 어떻게 생겼나요?
  - 동그랗다.
  - 옅은 노란색이다.
  - 씨앗이 가운데 부분에 동그란 모양으로 박혀 있다.
- 호박전을 부칠 수 있도록 호박을 얇게 썰어 준비했어요.
- 소금은 왜 필요할까요?
  - 전을 부치기 전에 호박에 소금을 뿌리면 호박이 살짝 절여져 물기가 빠지고 부드러워진다.
- 밀가루와 계란은 왜 필요할까요?
  - 밀가루를 묻히면 전을 부칠 때 호박에서 수분이 나오는 것을 막아 주어 전이 아삭해진다.
  - 밀가루가 호박에 잘 묻도록 하고 음식의 색깔을 내기 위해 계란을 묻힌다.

○ 요리 도구를 살펴본다.

- 전기 프라이팬은 전기를 사용하여 열을 내는 도구에요. 팬이 뜨겁기 때문에 만지면 안돼요.
- (거품기를 보여주며) 이 도구는 '거품기' 예요. 거품을 만들 때 사용해요. 음식 재료를 거품기로 휘저어 주는 거예요. 거품기로 계란을 휘저으면 노른자와 흰자가 잘 섞여요.

○ 호박전 요리를 한다.

- 먼저 호박에 묻힐 계란물을 준비해 봅시다. 계란을 깨서 볼에 담으세요.
- 선생님이 계란에 소금을 넣을게요.
- 계란과 소금이 담긴 볼을 거품기로 휘저어 봅시다. 한 사람이 5번씩 휘저은 다음 옆 사람에게 주세요. 계란흰자, 노른자, 소금이 섞이며 어떻게 되는지 살펴보세요.
- 접시를 나누어 줄게요. 접시에는 밀가루가 있어요. 호박을 받으면 개인 접시 위에 있는 밀가루를 호박에 묻히세요. 호박의 앞면과 뒷면에 밀가루를 골고루 묻히세요. 밀가루가 호박에 뭉쳐 있지 않도록 접시에 탁탁 쳐 보세요.
- 밀가루를 다 묻힌 사람은 계란물이 담긴 볼에 호박을 넣으세요.
- 선생님이 미리 전기 프라이팬의 전원을 켜 놓아 프라이팬이 달구어 놓았어요. 프라이팬에 식용유를 골고루 둘러봅시다. 식용유를 왜 두를까요?
  - 호박이 프라이팬에 달라붙지 않게 하기 위해서
  - 고소한 맛을 내기 위해서
- 선생님과 함께 집게로 호박을 하나씩 집어 프라이팬에 올려놓아 봅시다.
- 호박이 어떻게 변하는지 보세요. 어떤 냄새가 나나요?
  - 고소한 냄새가 난다.
- 색깔이 어떻게 되었나요?
  - 노릇노릇해졌다.
- 한쪽 면이 노릇노릇해졌으니 뒤집개로 뒤집어 봅시다.
- 이제 호박이 다 익었어요. 선생님이 접시에 호박을 올려놓아 줄 테니 간식으로 먹도록 해요.

○ 요리 활동을 정리한다.

○ 완성된 요리를 간식으로 먹는다.

유의점

- 유아가 전기 프라이팬에 화상을 입지 않도록 안전에 각별히 유의한다.

거품기로 계란 젓기

호박에 밀가루 묻히기

호박에 계란 옷 입히기

호박 뒤집기

3. 전통예술

색동 / 색동저고리 만들기 / 빨간색을 나누어 준 색동저고리
/ 색동저고리 완성하기 / 색동 만들기 / 색동 패턴 만들기 / 조각보 만들기
/ 전통문양 모빌 만들기 / 탑 쌓기 / 사물악기 / 사물악기 연주하기
/ 풍물놀이 / 사물악기와 채 연결하기

활동 1

색동

집단형태

대집단활동

활동유형

이야기나누기

활동자료

색동이 들어가 있는 전통물건이나 사진(예: 색동 저고리, 색동 조각보, 색동 굴레, 색동 복주머니 등)

TIP 본 활동은 '한복' 이야기 나누기 활동 후에 실시하는 것이 효과적이다.

활동목표

- 색동의 의미와 쓰임에 대하여 안다.
- 색동의 아름다움 느낀다.

활동방법

○ 색동저고리(실물 또는 사진)를 살펴보며 색동의 의미에 대해 이야기 나눈다.

TIP

- 색동저고리를 입어본 적이 있나요?
- (소매의 색동을 가리키며) 저고리의 어느 부분에 색동이 있나요?
  - 소매 부분
- 저고리 소매에 여러 가지 색깔이 한 줄씩 들어가 있어요. 어떤 색깔이 있나요?
  - 빨강, 파랑, 노랑, 초록 등
- 여러 가지 색깔이 모여 있는 것을 '색동'이라고 해요.

○ 색동이 들어간 물건(예: 옷, 보자기, 복주머니, 굴레 등)들을 살펴본다.

- 옛날 사람들은 쓰고 남은 천 조각을 모아서 색동옷이나 색동 보자기를 만들었어요.
- (색동옷을 입은 아기 돌 사진을 보며) 아기가 태어나 한 살이 되면 한 해 동안 건강하게 잘 자란 것을 축하하며 돌잔치를 해요. 이때 아기가 앞으로도 건강하게 잘 자라기를 바라는 마음을 담아 아기에게 색동옷을 입혔어요.
- (색동이 들어간 물건 실물 혹은 사진을 보며) 이것은 무엇일까요?
- 어디에 색동이 있나요?
- 색동에 어떤 색깔이 있나요?
  - 빨강, 파랑, 노랑, 연두, 자주 등이 있다.

○ 주변에 있는 색동 물건을 찾아보도록 이야기한다.

- 우리 반에 색동이 들어간 물건이 있나요? 어디에 있나요?
  - 역할 놀이 영역의 한복에 색동이 있다.
  - 역할 놀이 영역의 복주머니에 색동이 있다.
  - 수학 · 조작 교구 중에 색동 옷 입히기 놀이가 있다.
  - 수학 · 조작 교구 중에 조각보 만들기 놀이가 있다.

• 교실 천장에 매단 청사초롱에 색동무늬가 있다.

○ 집에서 색동 물건을 찾아와서 이야기 나눌 것임을 안내한다.

■ 집에도 색동이 들어간 물건이 있는지 찾아보세요. 내일 유치원에 가지고 와서 친구들에게 보여주기로 해요.

관련활동

■ 조형 영역 '색동저고리 만들기' (98쪽 참고)

■ 동극 '빨간색을 나누어 준 색동저고리' (100쪽 참고)

■ 신체(게임) '색동저고리 완성하기' (104쪽 참고)

■ 신체(게임) '색동 만들기' (106쪽 참고)

■ 과학 영역 '색동 패턴 만들기' (108쪽 참고)

활동 2 색동저고리 만들기

집단형태

자유선택활동

활동유형

조형 영역

활동유형

저고리 모양으로 자른 색지, 색종이, 색연필, 사인펜, 풀

'색동옷 만들기' 작업 준비

활동목표

- 여러 가지 색을 이용하여 색동을 구성해 본다.
- 색동의 아름다움을 느낀다.

활동방법

○ 활동을 소개한다.
- (색동저고리 사진을 보여주며) 이것은 무엇인가요?
  - 색동저고리
- 옛날 사람들은 여러 가지 색깔 천을 사용해서 색동저고리를 만들어 입었어요.
- 우리는 색깔 종이를 이용해서 색동저고리를 만들 거예요.

○ 조형 재료를 살펴보며 활동 방법에 대해 이야기한다.
- 조형 책상에 무엇이 있나요?
  - 저고리 모양 본, 여러 가지 색깔 종이
- 저고리 모양 본에 다양한 색깔 종이를 오리거나 찢어 붙여서 색동저고리를 만들어 봅시다.

○ 색동저고리를 만든다.
- 색종이를 가위로 자르거나 손으로 찢어 보세요.
- 색종이들 순서를 정해 놓아 보세요. 예쁜 색동이 되었으면 저고리 소매 위에 차례대로 붙이세요.
- 색연필이나 사인펜으로 그림을 그리거나 색칠을 하세요.

색동저고리 만들기

○ 완성된 색동저고리에 유아의 사진을 붙여 벽면에 전시하거나 출석표시 그림으로 사용한다.

완성 작품

'색동저고리' 출석 표시판

관련활동

- 이야기나누기 '색동' (96쪽 참고)
- 조형 영역 '색동저고리 만들기' (98쪽 참고)
- 동극 '빨간색을 나누어 준 색동저고리' (100쪽 참고)
- 신체(게임) '색동저고리 완성하기' (104쪽 참고)
- 신체(게임) '색동 만들기' (106쪽 참고)
- 과학 영역 '색동 패턴 만들기' (108쪽 참고)

활동 3 빨간색을 나누어 준 색동저고리

집단형태

대집단활동

활동유형

동극

활동자료

융판 동화 자료, 융판, 동극 자료(배역 목걸이, 색동저고리, 도화지, 크레파스)

'빨간색을 나누어 준 색동저고리' 동화자료

TIP 1 동화 회상 시 등장인물의 특징을 살려 이야기하거나 몸을 움직여 본다. 특징을 잘 살려서 말하는 유아의 경우 시범을 보이도록 한다.

활동목표

- 색깔을 구별하고 물건에서 색깔을 찾아본다.
- 동화의 내용을 이해하고 극으로 표현한다.
- 동극을 관람하는 바른 태도를 기른다.

활동방법

○ 동화를 듣고 난 뒤 동극을 할 것임을 알려준다.

- 동화를 듣고 동극을 하는 데 필요한 사항을 당부한다.
  - 어떤 등장인물이 나와서 어떤 말을 하는지 기억하면서 듣는다.
  - 동극을 하기 위해서는 어떤 준비물과 무대가 필요할지 생각하면서 듣는다.

○ '빨간색을 나누어 준 색동저고리' 융판 동화를 들려준다.

○ 유아들과 동화의 내용과 대사를 회상한다. **TIP 1**

- 콩순이가 부채를 그리는데 무슨 색 크레파스가 없어졌나요?
  - 빨간색
- 그래서 콩순이가 무엇이라고 말했나요?
  - 어? 빨간색 크레파스가 어디로 갔지? (크레파스 찾는 모습 흉내 내며) 그럼, 어디서 빨간색을 구하지?
- 길을 가던 콩순이는 누구를 만났나요?
  - 사과를 만났다.
- ○○○반 어린이들이 콩순이가 되어서 말하면, 선생님이 사과가 되어서 말할게요.
- 그 다음엔 누구를 만났나요?
  - 원숭이를 만났다.
- 이번에는 선생님이 콩순이가 되고 ○○○반 어린이들이 원숭이가 되어서 이야기해보도록 해요.
- 그 다음으로는 누구를 만났나요?
  - 신호등을 만났다.
- 이번에는 여자 어린이들이 콩순이가 되고, 남자 어린이들이 신호등이 되어서 이야기해 보세요.

■ 집으로 돌아온 콩순이가 누구에게 빨간색을 나눠 달라고 말했나요?
  • 색동저고리에게 말했다.
■ 남자 어린이들이 콩순이가 되고, 여자 어린이들이 색동저고리가 되어서 이야기 해 보세요.

○ 동극 무대 꾸미기에 대해 의논하고 무대를 꾸민다.
■ 동극을 하려면 어느 곳이 필요한가요?
  • 콩순이의 집
  • 콩순이가 사과, 원숭이, 신호등을 만나는 길
■ 콩순이의 집은 어디로 할까요?
  • 역할 놀이 영역을 콩순이의 집으로 한다.
■ 길은 어디에 만들까요?
  • 무대 가운데에 만든다.
■ 길은 어떻게 꾸밀까요?
  • 조화 화분을 놓아서 꾸민다.

○ 소품을 준비한다. TIP 2
■ 동극을 하기 위해서 어떤 물건이 필요한가요? 무엇으로 할까요?
  • 콩순이가 그림을 그릴 때 쓸 종이, 크레파스가 필요하다. 조형 영역에서 가지고 온다.
  • 색동저고리가 필요하다. 역할 놀이 영역에 있는 한복을 입는다.
  • 동극을 하는 사람들이 쓸 역할 목걸이가 필요하다.

TIP 2 소품을 정할 때 유아들의 의견을 수용하되 도화지, 크레파스, 색동저고리는 실물을 사용하는 것이 효과적이다. 색동저고리 역할을 맡은 유아는 저고리뿐만 아니라 치마(바지)도 함께 갖춰 입는다.

○ 동극의 배역을 정한다.
■ 동화에 누가 나왔나요?
  • 콩순이, 사과, 원숭이, 신호등, 색동저고리
■ 어떤 역할을 하고 싶은지 생각해 보세요.
■ 콩순이(사과, 원숭이, 신호등, 색동저고리) 역할을 하고 싶은 사람은 손을 드세요.

○ 배역을 맡은 유아들이 앞으로 나와 한 줄로 서서 자기소개와 인사를 한다.
■ 동극을 할 사람들은 앞으로 나오세요. 왼쪽부터 차례대로 자신이 맡은 역할과 자신의 이름을 말하세요.
  • "저는 콩순이(사과, 원숭이, 신호등, 색동저고리)를 맡은 ○○○ 입니다."

○ 동극할 준비를 한다.
■ 콩순이와 색동저고리는 콩순이의 집으로 가세요. 사과, 원숭이, 신호등을 맡은 사람들은 길 중간 중간에 서 있으세요.
■ 동극을 잘 볼 수 있도록 선생님도 자리를 옮길게요.

○ 동극을 한다.
■ 지금부터 ○○○반 어린이들의 '빨간색을 나누어 준 색동저고리' 동극을 시작

하겠습니다.

○ 동극이 끝나면 동극을 한 유아들이 인사를 하고 자리에 앉는다.

○ 동극을 평가한다.

- 동극이 재미있었나요? 어떤 점이 재미있었나요?
  - 신호등이 말을 하는 것이 재미있었다.
  - 원숭이의 빨간 엉덩이가 재미있었다.
  - 길을 가면서 사과, 원숭이, 신호등을 차례로 만난 것이 재미있었다.
- 어떻게 하면 동극을 더 재미있게 할 수 있을까요?

○ 두 번째 동극의 배역을 정한다.

○ 배역을 맡은 유아들이 앞에 나와서 자기소개와 인사를 한 뒤 동극을 시작한다.

○ 동극이 끝나면 동극을 한 유아들이 인사를 하고 자리에 앉는다.

○ 유아들과 함께 무대를 정리한다.

'빨간색을 나누어 준 색동저고리' 동극하기

관련활동

- 이야기나누기 '한복' (24쪽 참고)
- 신체(게임) '색동저고리 완성하기' (104쪽 참고)
- 조형 영역 '색동저고리 만들기' (98쪽 참고)
- 신체(게임) '색동 만들기' (106쪽 참고)
- 과학 영역 '색동 패턴 만들기' (108쪽 참고)

동 화

빨간색을 나누어 준 색동저고리

콩순이는 그림 그리기를 아주 좋아하는 아이입니다. 어느 날, 엄마가 콩순이에게 크레파스를 선물로 주셨습니다. 콩순이는 종이에 크레파스로 태극부채를 그리기 시작했습니다. 파란색을 칠하고, 노란색도 칠하고 나서 콩순이는 깜짝 놀랐습니다. 빨간색 크레파스가 없어졌기 때문입니다.

콩순이 어? 빨간색 크레파스가 어디로 갔지?

콩순이는 여기저기를 둘러보며 빨간색 크레파스를 찾았지만, 빨간색 크레파스는 보이지 않았습니다.

콩순이 그럼 어디서 빨간색을 구하지?

콩순이는 빨간색을 찾으러 길을 떠났습니다. 조금 걷다 보니 사과나무가 보였습니다.

콩순이 사과야, 사과야. 네 빨간색 좀 빌려 줄래?
사 과 안 돼, 안 돼. 그럴 순 없어. 난 빨갛게 익어야 맛이 있단 말이야.

콩순이는 다시 길을 걸어갔습니다. 이번에는 나무 위에서 놀고 있는 원숭이를 만났습니다.

콩순이 원숭아, 원숭아, 네 엉덩이에 있는 빨간색 좀 빌려 줄래?
원숭이 안 돼, 안 돼. 그럴 순 없어. 엉덩이를 어떻게 빌려 주니?

콩순이는 빨간색을 구할 수 없어서 다시 집으로 돌아가기로 했습니다. 집으로 가는 길에 신호등이 서 있었습니다.

콩순이 신호등아, 신호등아. 네 빨간불 좀 빌려 줄래?
신호등 안 돼, 안 돼. 그럴 순 없어. 빨간불이 없으면 사람들이 길을 그냥 건넌단 말이야.

결국 콩순이는 빨간색을 찾지 못하고 집으로 돌아왔습니다. 방문을 열어 보니 벽에 걸려 있는 한복의 색동저고리가 보였습니다.

콩순이 색동저고리야, 색동저고리야. 네 빨간색 좀 빌려 줄래?
색동저고리 그래, 그래. 콩순아, 마음대로 가져가렴.
콩순이 색동저고리야, 고마워.

콩순이는 색동저고리가 빌려 준 빨간색으로 멋진 태극부채를 그릴 수 있었답니다.

활동 4 색동저고리 완성하기

집단형태

대집단활동

활동유형

신체(게임)

활동자료

출발 표시, 부직포로 만든 한복 두 벌, 색동 조각 부직포(뒷면에 펠트 부착), 신호악기, 평가자료(복주머니 그림 약 30개), 게시판

'색동저고리 완성하기' 게임자료

활동대형

편대형

'색동저고리 완성하기' 게임대형

활동목표

- 여러가지 색을 이용하여 색동을 구성해 본다.
- 순발력과 민첩성을 기른다.
- 게임 방법을 알고 규칙을 지키며 게임한다.

활동방법

○ 게임 자료를 보며 게임 방법에 대해 이야기 나눈다.

- 선생님 맞은편에 있는 벽에 무엇이 있나요?
  - 한복 저고리, 색동 조각
- 색동 조각과 한복 저고리로 어떤 게임을 할 수 있을까요?
  - 색동 조각을 한복 저고리에 붙인다.
- 양편에서 한 사람씩 나와서 출발 표시 위에 서서 준비를 해요.
- 선생님이 출발 신호를 하면 한복이 있는 곳까지 달려가요.
- 바구니에서 색동 조각 한 개를 집어서 한복 저고리의 소매에 붙인 다음 선생님이 있는 곳까지 와서 선생님과 먼저 악수를 하는 사람이 이기는 게임이에요.

○ 유아 1명이 게임을 시범 보인다.

○ 게임 시 응원 태도에 대해 이야기한다.

- 다른 친구가 게임을 할 때 어떻게 해야 할까요?
  - 자리에 바르게 앉아서 다른 친구가 게임하는 모습을 본다.
  - 응원을 한다. 이긴 사람에게는 박수를 쳐 주고 진 사람에게는 끝까지 잘하라는 응원을 한다.

○ 평가 방법을 이야기한다.

- 먼저 들어온 사람의 편에게 복주머니를 한 개 붙여 줄 거예요.
- 복주머니가 많은 편이 이기는 게임이에요.

○ 게임을 한다.

○ 게임을 평가한다.

- 한복의 저고리가 어떻게 되었나요?
  - 저고리의 소매 부분에 여러 색동 조각들이 모여 색동저고리가 되었다.
- 복주머니가 몇 개인지 같이 세어 보세요(그림을 떼어 내며 유아들과 함께 수를 센다).

▪ 어느 편의 복주머니가 더 많나요?

  • ○○편

▪ 이번 게임은 ○○편이 이겼습니다.

○ 응원 태도에 대해 평가한다.

▪ △△편과 ○○편 모두 바르게 앉아서 응원을 잘 해주었나요?

○ 2차 게임을 한다.

▪ 두 번째로 게임을 할 때는 한복에 붙어 있는 색동 조각을 한 개씩 떼고 돌아오세요.

○ 2차 게임을 평가한다.

○ 유아들과 함께 게임자료를 정리한다.

관련활동

▪ 이야기나누기 '한복' (24쪽 참고)

▪ 이야기나누기 '색동' (96쪽 참고)

▪ 과학 영역 '색동 패턴 만들기' (108쪽 참고)

▪ 조형 영역 '색동저고리 만들기' (98쪽 참고)

▪ 신체(게임) '색동 만들기' (106쪽 참고)

저고리 소매에 색동 조각 붙이기

활동 5

색동 만들기

집단형태

대집단활동

활동유형

신체(게임)

활동자료

다양한 색깔블록, 낮은 책상, 색동 그림카드, 신호악기, 평가자료(색고리)

'색동 만들기' 활동자료

활동대형

편대형 혹은 반원대형

TIP 실내에 빔프로젝터와 스크린 등의 설비가 갖추어진 경우 그림카드를 스크린에 비추어 모든 유아들이 색동 패턴을 볼 수 있게 한다.

활동목표

- 여러가지 색을 이용하여 색동을 구성해 본다.
- 공간구성 능력을 기른다.
- 게임 방법을 알고 규칙을 지키며 게임한다.

활동방법

○ 게임 자료를 보며 게임 방법에 대해 이야기 나눈다.

- 앞에 무엇이 있나요?
  - 색깔블록과 색동 그림카드가 책상 위에 놓여 있다.
- 색깔블록과 색동 그림카드를 이용해서 게임을 할 거예요. 게임 방법을 알아봅시다.
  - 선생님이 출발 신호를 하면 책상까지 달려가서 그림카드를 본다. TIP
  - 그림카드와 똑같은 모양으로 색깔블록을 종이 위에 놓는다.
  - 자리로 돌아간다.

○ 유아 1명이 시범을 보인다.

○ 평가 방법을 이야기한다.

- 색깔블록을 그림카드와 똑같이 놓고 먼저 돌아온 사람 편에게 색고리를 한 개 걸어 줄 거예요.
- 색고리가 더 많은 편이 이기는 게임이에요.

○ 게임을 한다.

○ 게임을 평가한다.

- 어느 편의 색고리가 더 많나요?
- 이번 게임은 ○○편이 이겼어요. ○○편에게 게임을 잘 해주었다고 박수쳐 줍시다. △△편도 열심히 게임했다고 박수쳐 주세요.

○ 응원 태도를 평가한다.

  - ○○편 어린이들이 바른 태도로 응원했나요? △△편 어린이들의 응원 태도는 어땠나요?
- 함께 열심히 응원했다고 서로에게 박수쳐 주세요.

○ 2차 게임을 하고 평가한다.

○ 유아들과 함께 게임자료를 정리한다.

관련활동

- 이야기나누기 '색동' (96쪽 참고)
- 조형 영역 '색동저고리 만들기' (98쪽 참고)
- 동극 '빨간색을 나누어 준 색동저고리' (100쪽 참고)
- 신체(게임) '색동저고리 완성하기' (104쪽 참고)
- 과학 '색동 패턴 만들기' (108쪽 참고)

그림카드 보고 색동 만들기

활동 6

색동 패턴 만들기

집단형태

자유선택활동

활동유형

과학 영역

활동자료

빛상자(Light-Box), 색동 막대TIP, 저고리 소매 및 조각보 틀

'색동 패턴 만들기' 환경 구성

TIP OHP 필름을 컬러 인쇄하여 저고리 및 조각보 틀의 세로 길이에 맞게 잘라 준비한다.

색동 구성하기

활동목표

- 여러 가지 색을 이용하여 색동을 구성해 본다.
- 색동의 아름다움을 느낀다.

활동방법

○ 색동에 대해 이야기 나눈다.

- 색동으로 된 물건을 본 적이 있나요? 어떤 물건이 색동으로 되어 있었나요?
  - 한복의 저고리, 복주머니, 조각보 등
- 색동에는 어떤 색깔들이 들어가나요?
  - 빨강, 하양, 노랑, 파랑, 초록, 분홍, 연두, 자주, 보라 등

○ '색동 패턴 만들기' 활동을 소개한다.

- 과학 영역에서 색동을 만들어 볼 수 있어요. 과학 영역에 어떤 물건들이 있나요?
  - 빛상자(Light-Box), 여러 가지 색깔의 색동 막대, 저고리와 조각보 모양 틀
- 빛상자(Light-Box) 위에 여러 가지 색깔의 색동 막대를 한 개씩 차례대로 놓아 보세요.
- 어떤 색깔 막대를 올려 볼까요? 다음에는 어떤 색깔을 놓을까요? 어울리는 색깔을 골라 보세요.
- 색동이 완성되었나요? 완성된 색동 위에 저고리나 조각보 모양 틀을 올려놓으세요.
- 무엇이 되었나요?
  - 색동저고리, 색동 조각보

○ 다른 색깔을 이용하여 색동 저고리(색동 조각보)를 만들어 본다.

○ 교사는 색동저고리나 색동 조각보를 만든 후 유아의 작품을 사진으로 찍어 벽면에 게시한다.

관련활동

- 조형 영역 '색동저고리 만들기' (98쪽 참고)
- 이야기나누기 '색동' (96쪽 참고)
- 신체(게임) '색동저고리 완성하기' (104쪽 참고)
- 신체(게임) '색동 만들기' (106쪽 참고)

활동 7 조각보 만들기

활동목표

- 조각보의 의미와 유래를 안다.
- 공간구성 능력을 기른다.

활동방법

○ 조각보에 대해 이야기 나눈다.

- 조각보를 본 적이 있나요? 조각보는 언제 사용하는 물건인가요?
  - 물건이나 음식을 덮을 때 사용하는 물건이다.
- 옛날에는 한복을 만들고 남은 천을 모아 두었다가, 여러 가지 색깔의 조각 천들을 바느질로 이어 붙여 조각보를 만들었어요.
- 우리도 색조각과 조각을 올려놓을 수 있는 자석판으로 조각보를 만들어 볼 거예요.

○ 교구의 구성물을 살펴본다.

- 책상 위에 무엇이 있나요?
  - 조각보를 올려놓을 자석판, 삼각형과 사각형 모양 조각, 조각보 그림
- 삼각형 모양의 조각보를 보세요. 어떤 색깔의 조각들이 있나요?
  - 연분홍색, 진분홍색, 빨간색
- 사각형 모양의 조각보를 보세요. 어떤 색깔과 크기의 조각들이 있나요?
  - 연하늘색, 하늘색, 남색
- 여러 가지 색깔과 크기의 조각들이 있어요. 이 조각들로 조각보를 만들어 봅시다.

○ 조각보를 만드는 방법을 이야기한다.

- 조각보 그림을 판 안에 놓으세요.
- 조각보 그림을 보고 각 조각을 알맞은 곳에 올려놓으세요.

○ 완성된 조각보를 감상한다.

관련활동

- 과학 영역 '색동 패턴 만들기' (108쪽 참고)
- 조형 영역 '색동저고리 만들기' (98쪽 참고)

집단형태

자유선택활동

활동유형

수학 · 조작 영역

활동자료

조각을 올려놓을 자석판 2개, 조각보 그림TIP 1, 여러 가지 색깔과 크기로 구성된 삼각형, 사각형 모양 조각 TIP 2

'조각보 만들기' 활동자료

TIP 1 조각보 그림은 여러 종류를 준비해 놓고 쉬운 것에서부터 복잡한 모양으로 단계적으로 2~3장씩 제시하도록 한다.

TIP 2 조각을 올려놓을 판과 조각은 고무자석을 이용하여 제작한다. 고무자석을 원하는 모양으로 자른 후 한복 천이나 색한지로 감싼다.

활동 8

전통문양 모빌 만들기

집단형태

자유선택활동

활동유형

조형 영역

활동자료

휴지 속심TIP, 조각 한지, 꾸미기 재료(예: 스팽글, 색공, 술 등), 본드, 풀, 낚싯줄, 전통문양 관련 화보

TIP 완성 작품을 전시할 수 있도록 휴지 속심에 낚싯줄을 연결해 놓는다. 휴지 속심 외에도 테이프 속심, 포일 속심을 사용하면 크기와 굵기가 다양한 모빌을 만들 수 있다.

모빌 꾸미기

완성된 전통문양 모빌

활동목표

- 다양한 재료를 활용하여 모빌을 꾸민다.
- 전통문화에 친숙해지고 관심을 갖는다.

활동방법

○ 활동자료와 활동 방법을 소개한다.

- 우리나라 옛날 사람들은 여러 가지 재료를 이용하여 아름다운 무늬를 만들어서 집 안과 밖을 장식했다고 해요.
- 조형 영역에 준비된 재료를 이용하여 교실 천장에 매달아 장식할 수 있는 모빌을 만들 거예요.
- 모빌을 만드는 데에 필요한 재료들을 살펴봅시다. 무엇이 있나요?
  - 휴지 속심, 여러 가지 꾸미기 재료, 본드, 풀 등

○ 휴지 속심을 조각 한지로 감싼다.

- 휴지 속심을 조각 한지로 싸서 색깔을 입힐 거예요.
- 어떤 색깔로 꾸미고 싶나요? 원하는 색깔 한지를 골라 휴지 속심에 풀로 붙이세요.

○ 꾸미기 재료를 이용하여 모빌을 꾸민다.

- 모빌을 예쁘게 꾸며 봅시다. 스팽글, 색공을 붙이거나 조각 한지를 여러 가지 모양으로 잘라 붙여 보세요.
- (전통문양 화보를 보여주며) 그림을 보고 전통문양을 만들어 보세요.
- 선생님이 모빌에 달려 있는 낚싯줄 끝에 술을 묶어 줄게요.

○ 완성된 작품은 교실 문이나 천장, 창문에 매달아 전시한다.

- 완성된 모빌로 교실을 장식해 봅시다.

관련활동

- 조형 영역 '색동저고리 만들기' (98쪽 참고)

활동 9 탑 쌓기

활동목표

- 탑의 생김새를 안다.
- 친구들과 협력하는 태도를 기른다.

활동방법

○ 다양한 탑 사진을 보여주며 탑에 대하여 이야기 나눈다.
- (탑 사진을 보여주며) 무엇일까요?
  - 탑
- 탑을 본 적이 있나요? 탑은 어떻게 생겼나요?
  - 돌이 층층이 쌓여 있다.
  - 아래는 넓고 위로 갈수록 좁아진다.
  - 돌에 여러 가지 모양을 조각했다.
- 이 탑은 몇 층짜리 탑일까요?
  - 3층(5층, 9층 등)

○ 탑 만들기 활동을 소개한다.
- 쌓기 놀이 영역에 있는 블록으로 탑을 만들어 보세요.

○ 실내자유선택활동 시간에 쌓기 놀이 영역에서 탑을 만든다.
- 어떤 모양의 탑을 만들어 볼까요?
  - 세모 모양, 네모 모양, 오각형 모양 등
- 몇 층짜리 탑을 만들고 싶나요?

○ 놀이를 평가한다.
- 어떤 탑을 만들었나요?
- 탑을 만들 때 불편한 점이 있었나요?
  - 탑이 자꾸 쓰러져 높이 쌓을 수 없었다.
  - 친구가 탑을 쳐서 탑이 쓰러졌다.
- 어떻게 하면 탑을 높이 쌓을 수 있을까요?
  - 블록끼리 균형을 맞추어 조심히 쌓아 올린다. 한 층, 한 층 엇갈려 쌓는다.
  - 옆에서 쌓는 친구의 탑을 건드려 쓰러트릴 수 있으므로 조심한다. 옆 친구와 간격을 두고 앉아서 쌓는다. 탑을 쌓고 난 후 탑 주변에 울타리를 만든다.

집단형태
자유선택활동

활동유형
쌓기 놀이 영역

활동자료
탑 사진, 직사각형 모양의 블록(예: 유니트블록, 카프라블록 등)

탑 쌓기

완성한 탑

- 탑 쌓기 놀이를 더 재미있게 하는 방법이 있을까요?
  - 탑의 이름을 정한다.
  - 탑의 이름, 탑의 층수, 탑을 만든 사람 등을 종이에 써서 붙여 놓는다.
  - 탑 사진을 찍어 책을 만든다.

확장활동

- 유아들이 완성한 탑의 사진을 모아 책으로 구성하여 언어 영역에 제시하거나 벽면에 게시해 준다.

활동 10 사물악기

활동목표

- 사물악기의 종류와 생김새, 연주 방법을 안다.
- 사물악기에 관심을 갖고 친숙해진다.

활동방법

○ 사물악기의 이름과 생김새, 연주 방법에 대해 소개한다.

① 북

- 이 악기의 이름은 무엇인가요?
  - 북
- 북은 어떻게 생겼나요?
  - 나무로 만든 통 양옆에 소가죽이 덮여 있다.
- 북은 어떻게 치는 것일까요? 선생님이 보여 줄게요.
  - 책상다리를 하고 앉는다.
  - 왼쪽 무릎 부분에 북을 받치고 왼손으로 북을 잡은 다음 오른손에 북채를 쥐고 북의 옆면을 친다.
- 누가 앞에 나와서 북을 쳐 볼까요? 북소리를 들어 보세요.

② 징

- 이 악기를 본 적이 있나요? 어떤 소리가 날까요? 들어 보세요.
  - 소리가 매우 크다.
  - 낮은 소리가 교실에 울려 퍼진다.
- 징은 악기 이름처럼 '징' 하고 울리는 소리가 나요.
- 징은 어떻게 생겼나요? 어떻게 연주하는 것일까요?
  - 동그란 모양이다.
  - 놋쇠로 만들었다.
  - 오른손으로 징채를 들고 징의 가운데 부분을 친다.
  - 징을 왼손으로 들거나 징걸이에 걸어 둔다.

③ 꽹과리

- 이 악기는 무엇인가요?
  - 꽹과리

집단형태
대집단활동

활동유형
이야기나누기

활동자료
북, 징, 꽹과리, 장구, 사물악기 연주 CD

북에 대해 알아보기

징에 대해 알아보기

꽹과리에 대해 알아보기

- 꽹과리는 징과 생김새가 비슷해요.
- 징과 다른 점은 무엇인요?
  - 징보다 크기가 작다.
  - 색깔이 더 밝은 노란 빛이다.
  - 꽹과리를 걸이대에 걸지 않고 손에 들고 친다.
- 꽹과리는 이렇게 연주하는 거예요.
  - 줄을 왼쪽 손가락에 감아 꽹과리를 받친다.
  - 오른손에 채를 쥐고 친다.

④ 장구

장구에 대해 알아보기

- 이 악기의 이름은 무엇일까요?
  - 장구
- 장구는 어떻게 생겼나요?
  - 나무로 만든 통이 있다. 통 가운데 부분이 잘록하다.
  - 통의 양 끝에 동그란 가죽이 대어져 있다.
  - 양 쪽의 가죽이 줄로 연결되어 있다.
  - 채가 2개 있다.
- 장구는 어떻게 연주하는 것일까요?
  - 왼손에 궁채를, 오른손에 열채를 들고 양쪽 가죽을 채로 친다.
  - 앉아서 치거나 어깨끈을 달아매고 걸어 다니면서 친다.

○ 사물놀이에 대하여 이야기하고, 연주 음악을 감상한다.

- 우리나라 악기 중에서 북, 장구, 징, 꽹과리의 네 가지 악기를 사물악기라고 해요. 사물악기를 연주하는 것을 '사물놀이'라고 해요.
- 사물악기로 연주한 음악을 들어 보세요.

유의점

- 유아들의 흥미와 집중도에 따라 두 차시로 나누어 활동할 수 있다.
- 사전에 교사가 정확한 악기 연주법을 숙지하여 시범을 보이도록 한다.

확장활동

- 음률 영역이나 실외 영역에 사물 악기를 제공해 주어 유아들이 자유롭게 탐색하고 연주해 보도록 한다.

관련활동

- 동화 '풍물놀이' (117쪽 참고)
- 수학 · 조작 '사물악기와 채 연결하기' (121쪽 참고)
- 음률 영역 '사물악기 연주하기' (115쪽 참고)

활동 11 사물악기 연주하기

활동목표

- 사물악기의 종류와 생김새, 연주 방법을 안다.
- 사물악기를 연주하는 여러 가지 장단이 있음을 안다.
- 흥겨운 마음으로 사물악기를 연주한다.

활동방법

○ 사물악기의 명칭과 연주 방법을 회상한다.

- 이 악기들의 이름은 무엇인가요?
  - 북, 꽹과리, 징, 장구
- 북(꽹과리, 징, 장구)은 어떻게 연주하나요?

○ 실외 영역에서 사물악기를 연주할 수 있음을 소개한다.

- 방안놀이 시간이나 마당놀이 시간에 사물악기를 연주할 수 있어요.

○ 사물악기를 연주할 때 지켜야 할 약속을 이야기한다.

- 사물악기를 연주할 때는 지켜야 할 약속이 있어요.
  - 지나치게 큰 소리로 악기를 연주하지 않는다.
  - 악기를 연주하는 방법에 맞게 연주한다.
  - 연주하고 싶은 사람이 많을 때는 순서를 정하여 차례대로 악기를 연주한다.

○ 사물악기를 연주한다.

○ 사물악기로 연주할 수 있는 인사장단을 소개한다.

- 네 가지 악기를 장단에 맞춰 연주할 수 있어요.
- 악기를 빠르거나 느리게, 세거나 약하게 연주하면서 정해진 리듬을 여러 번 되풀이하는 것을 장단이라고 해요.
- '장단' 에는 여러 종류가 있어요. 사물악기로 연주한 인사장단을 들어 보세요. (사물악기 인사장단 녹음자료 재생하기)
- 인사장단을 따라 손뼉을 쳐 볼까요?
  - 덩덩 덩덩 더더덩덩덩 딱
- 인사장단에 노랫말을 붙여 보아도 좋아요. 어떤 노랫말을 붙여 볼까요?
  - 안녕 안녕 안녕하세요 짝
  - 얼쑤 얼쑤 신나는구나 짝

집단형태

자유선택활동

활동유형

음률 영역

활동자료

북, 징, 꽹과리, 장구, 음악 자료(인사 장단이 녹음된 카세트테이프 또는 CD), 카세트테이프 플레이어 또는 CD 플레이어

사물악기 연주하기

○ 인사장단에 맞춰 사물악기를 연주한다.

확장활동

- 유아들의 흥미와 반응 정도에 따라 인사장단 이외의 장단(예: 세마치장단, 자진모리장단 등)을 소개하고 장단에 맞춰 사물악기를 연주할 수 있다.

관련활동

- 동화 '풍물놀이' (117쪽 참고)
- 수학 · 조작 영역 '사물악기와 채 연결하기' (121쪽 참고)
- 이야기나누기 '사물악기' (113쪽 참고)

활동 12

풍물놀이

활동목표

- 풍물놀이에 사용하는 악기의 종류를 안다.
- 국악기의 종류와 생김새, 소리를 안다.
- 전통문화에 친숙해진다.

활동방법

○ '동물들의 풍물놀이' 동화를 들려준다. TIP

- 선생님이 동화를 들려줄 거예요. 이 동화는 여러 가지 국악기 소리와 음악이 함께 어우러진 동화에요.

○ 동화 내용을 회상하며 풍물놀이를 소개한다.

- 동화에 어떤 악기들이 나왔나요?
  - 북, 장구, 소고, 꽹과리, 징
- 동물들이 악기로 무엇을 했나요?
  - 함께 연주를 했다.
  - 풍물놀이를 했다.
- 풍물놀이는 여러 가지 악기를 치거나 불면서 노래하고 춤추는 것을 말해요.

○ 풍물놀이 동영상을 본 뒤, 풍물놀이에 대해 이야기 나눈다.

- 어떤 악기들을 연주했나요?
  - 북, 장구, 꽹과리, 징, 소고
- 어떤 옷을 입고 있나요?
  - 검정색 저고리와 흰색 바지를 입었다.
  - 빨강, 노랑, 파랑 띠를 둘렀다.
- 머리에는 무엇을 쓰고 있나요?
  - 흰색 술이 달린 모자를 쓰고 있다.
- 풍물놀이를 하는 사람들이 쓰는 모자를 '상모' 라고 해요.
- 몸을 어떻게 움직이고 있나요?
  - 모자를 돌린다. 모자에 달린 술도 따라 움직인다.
  - 여러 사람이 걷거나 뛰면서 악기를 연주한다. 한 줄로 서기도 하고 동그랗게 서기도 한다.

집단형태

대집단활동

활동유형

음악동화 · 이야기나누기

활동자료

반입체 동화자료, 악기(북, 장구, 소고, 꽹과리, 징), 풍물놀이 동영상자료

TIP 여러 가지 국악기와 풍물놀이에 대한 유아들의 이해를 도울 수 있도록 우리나라 악기에 대한 이야기 나누기 활동 후 본 활동을 실시하는 것이 효과적이다.

관련활동

- 이야기나누기 '사물악기' (113쪽 참고)
- 수학 · 조작 영역 '사물악기와 채 연결하기' (121쪽 참고)
- 음률 영역 '사물악기 연주하기' (115쪽 참고)

동 화

> **TIP 2** 동화에서 악기 소리가 나오는 부분에 해당하는 악기를 연주하여 들려주거나 준비한 음악 자료를 틀어 준다.

동물들의 풍물놀이 TIP 2

1.

옛날 어느 숲 속에 토끼가 살고 있었습니다. 토끼는 북을 가지고 있었습니다. 토끼는 북 치는 것을 아주 좋아해서 아침에도, 점심에도, 저녁에도 열심히 북을 쳤습니다. (북 치는 소리)

어느 날 아침, 토끼가 열심히 북을 치고 있는데 까치 한 마리가 날아왔습니다.

까 치 토끼야, '안녕? 북을 정말 잘 치는구나.

토 끼 고마워. 난 북 치는 것을 아주 좋아해.

까 치 저 산 너머 마을에서는 사람들이 여러 가지 악기를 함께 연주하며 풍물놀이를 하던데, 정말 재미있고 흥겹더라. 너도 풍물놀이를 해보는 게 어때?

토 끼 풍물놀이라고?

까 치 그래. 다른 악기를 연주하는 동물들을 한 번 찾아봐. 난 이제 가봐야 해. 안녕.

토 끼 잘 가, 까치야.

2.

까치의 말을 들은 토끼는 풍물놀이가 하고 싶어졌습니다. 토끼는 북을 들고 함께 풍물놀이를 할 친구들을 찾기 위해 길을 나섰습니다. 얼마 동안 걸어가다가 동굴 앞을 지나가게 되었습니다. 그런데 동굴 속에서 어떤 소리가 들렸습니다. (장구 치는 소리) 토끼는 동굴 속으로 살금살금 들어갔습니다. 동굴 속에서는 호랑이가 악기를 연주하고 있었습니다.

토 끼 호랑이야, 안녕? 무슨 악기를 연주하고 있니?

호랑이 안녕? 나는 장구를 치고 있어.

토 끼 네가 치고 있는 악기가 장구구나.

호랑이 응. 이렇게 장구를 치면 아주 신이 나. 그런데 여기는 무슨 일로 왔니?

토 끼 나는 북 치는 것을 좋아하는데, 함께 풍물놀이 할 친구를 찾고 있어. 나와 함께 풍물놀이를 하지 않을래?

호랑이 그래, 좋아.

3.

토끼와 호랑이는 함께 길을 떠났습니다. 한참을 걷다가 소나무 아래를 지나가는데 어떤 소리가 들렸습니다. (소고 치는 소리) 토끼와 호랑이는 소리가 나고 있는 나무 위를 올려다보았습니다. 다람쥐가 나뭇가지에 앉아 악기를 연주하고 있었습니다.

토끼, 호랑이 다람쥐야, 안녕? 무슨 악기를 연주하고 있니?

다람쥐 안녕? 나는 소고를 치고 있어.

토끼, 호랑이 네가 치고 있는 악기가 소고구나.

다람쥐 응. 이렇게 소고를 치면 어깨춤이 절로 나와. 그런데 어디를 가고 있니?

토 끼 나는 북을 칠 수 있고, 호랑이는 장구를 칠 수 있는데, 함께 풍물놀이 할 친구를 찾고 있어. 우리와 함께 풍물놀이를 하지 않을래?

다람쥐 그래, 좋아.

4.

토끼와 호랑이와 다람쥐는 악기를 들고 다시 길을 떠났습니다. 커다란 바위를 지나가는데, 바위 뒤에서 나는 소리를 듣게 되었습니다. (꽹과리 치는 소리) 토끼와 호랑이와 다람쥐가 바위 뒤를 살짝 보니 고양이가 악기를 연주하고 있었습니다.

토끼, 호랑이, 다람쥐 고양이야, 안녕? 무슨 악기를 연주하고 있니?

고양이 안녕? 나는 꽹과리를 치고 있어.

토끼, 호랑이, 다람쥐 네가 치고 있는 악기가 꽹과리구나.

고양이 응. 이렇게 꽹과리를 치면 흥겨워서 몸이 들썩들썩 움직여. 그런데 어디를 가고 있니?

토 끼 나는 북을 칠 수 있고, 호랑이는 장구를, 다람쥐는 소고를 칠 수 있는데, 함께 풍물놀이 할 친구를 찾고 있어. 우리와 함께 풍물놀이를 하지 않을래?

고양이 그래, 좋아.

5.

이렇게 해서 토끼와 호랑이, 다람쥐, 여우는 함께 길을 가게 되었습니다. 재미있는 이야기를 하며 걸어가고 있는데, 바람을 타고 멀리서부터 어떤 소리가 들렸습니다. (징 치는 소리) 네 마리 동물들이 소리를 따라 달려가 보니 넓은 풀밭에 다다랐습니다. 돼지가 풀밭에 앉아 악기를 연주하고 있었습니다.

토끼, 호랑이, 다람쥐, 고양이	돼지야, 안녕? 무슨 악기를 연주하고 있니?
돼 지	안녕? 나는 징을 치고 있어.
토끼, 호랑이, 다람쥐, 고양이	네가 치고 있는 악기가 징이구나.
돼 지	응. 이렇게 징을 치면 마음이 편안해져. 그런데 어떻게 여기까지 왔니?
토 끼	나는 북을 칠 수 있고, 호랑이는 장구, 다람쥐는 소고, 고양이는 꽹과리를 칠 수 있어. 함께 풍물놀이 할 친구를 찾고 있는데, 우리와 함께 풍물놀이를 하지 않을래?
돼 지	그래, 좋아.
토 끼	그럼 이제 우리 다 같이 풍물놀이를 하자! (풍물놀이 음악)

6.

토끼와 호랑이, 다람쥐, 고양이, 돼지는 신나게 풍물놀이를 했습니다.

활동 13 사물악기와 채 연결하기

활동목표

- 사물악기의 명칭과 생김새를 안다.
- 사물악기에 관심을 갖고 친숙해진다.

활동방법

○ 수학 · 조작 교구의 구성물을 살펴본다.
- 쟁반 위에 무엇이 있나요?
  - 사물악기의 채와 이름이 쓰인 배경판, 사물악기 그림
- 이 악기들을 본 적이 있나요? 어디에서 보았나요?
  - 유치원의 음률 영역에서 보았다.
  - 사물놀이 공연할 때 보았다.

○ 사물악기의 명칭과 구성에 대해 이야기 나눈다.
- 악기의 이름을 알고 있나요?
  - 장구, 꽹과리, 징, 북
- 이 악기들에는 공통점이 있어요.
- 이 악기들은 어떻게 소리를 내나요?
  - 채로 쳐서 소리를 낸다.

○ 사물악기와 채를 짝지어 본다.
- 각 악기와 악기의 채를 연결 지어 볼 거예요.
- 채를 보고 악기 그림 조각을 알맞은 칸에 붙여 보세요.

관련활동

- 이야기나누기 '사물악기' (113쪽 참고)
- 음률 영역 '사물악기 연주하기' (115쪽 참고)
- 동화 '풍물놀이' (117쪽 참고)

집단형태

자유선택활동

활동유형

수학 · 조작 영역

활동자료

사물악기(장구, 꽹과리, 징, 북)의 채 그림과 악기 이름이 표시된 배경판, 사물악기 그림 조각(장구, 꽹과리, 징, 북)

'사물악기와 채 연결하기' 활동자료

4. 상징

우리나라를 나타내는 것 / 태극기 만들기 / 태극기

/ 태극기 돌아오기 / 무궁화 / 태극기 · 무궁화 글자 맞추기 / 한글날

활동 1

우리나라를 나타내는 것

집단형태

대집단활동

활동유형

이야기나누기

활동자료

무궁화 사진, 태극기, 애국가 음악

활동목표

- 우리나라의 상징물인 무궁화, 태극기, 애국가에 대해 안다.
- 우리나라를 사랑하는 마음을 갖는다.

활동방법

○ 무궁화에 대하여 이야기한다.

- 우리나라를 나타내는 꽃은 무엇일까요?
  - 무궁화
- 나라를 나타내는 꽃을 '국화' 라고 해요.
- 우리나라의 국화는 무궁화예요.
- (무궁화 사진을 보여주며) 무궁화는 어떻게 생겼나요?
  - 꽃잎 색깔은 전체적으로 연분홍색을 띠면서 안쪽만 진분홍색이다. 요즘에는 하얀색 무궁화도 있다.
- 무궁화는 여름에서 초가을까지 피는 꽃이에요. 100일 동안 계속 꽃이 피어 있어요. 또 한 줄기에 많은 꽃이 피고 꽃이 진 자리에 새 꽃이 피어나요.
- 왜 무궁화가 우리나라를 나타내는 꽃일까요?
  - 꽃이 오랫동안 피어 있는 점과, 강하면서도 우아한 모습이 어렵고 힘든 일도 잘 헤쳐 나가는 우리나라 사람들의 모습과 닮았다고 생각해서 무궁화를 국화로 정했다.
  - 꽃이 계속 피어나는 것을 보고 우리나라도 무궁화처럼 영원히 번영하는 나라가 되기를 바라는 마음에서 무궁화를 국화로 정했다.

○ 태극기에 대하여 이야기한다.

- (태극기를 보여주며) 무엇일까요? 어디에서 보았나요?
- 각 나라마다 나라를 나타내는 깃발이 있어요. '국기' 라고 해요.
- 우리나라의 국기는 태극기예요.
- 태극기에는 어떤 색깔이 있나요? 무슨 모양이 있나요?
  - 가운데 빨간색과 파란색 태극무늬가 있다.
  - 모서리 부분에 있는 검정색 줄은 '괘' 라고 한다.
- 태극기에는 옛날부터 우리나라 사람들이 중요하게 생각했던 정신(마음, 생각)

이 담겨 있어요.

■ 태극무늬의 빨간색은 밝음과 태양을 뜻하고 파란색은 희망을 뜻해요.

■ 태극기의 4괘에는 봄, 여름, 가을, 겨울 / 하늘, 땅, 태양, 달 / 동, 서, 남, 북의 뜻이 들어 있어요. 또한 우리 조상들이 중요하게 생각했던 정신, 즉 어질고, 바르고, 예의 바르고, 지혜롭다는 뜻(인, 의, 예, 지)이 담겨 있어요. TIP

○ 애국가에 대하여 이야기한다.

■ 나라를 나타내는 노래를 '국가' 라고 해요.

■ 우리나라의 국가는 무엇일까요?

• 애국가

■ 애국가는 안익태 작가가 나라를 사랑하는 마음으로 지었어요.

■ 애국가를 들어 보세요. 애국가를 아는 사람은 함께 불러 보세요.

○ 무궁화, 태극기, 애국가를 대하는 태도를 이야기 나눈다.

■ 우리나라를 대표하는 무궁화, 태극기를 보거나 애국가를 들으면 어떻게 해야 할까요?

• 무궁화를 소중하게 생각하고 보호한다.

• 태극기를 태극기함에 잘 보관한다. 태극기를 달기로 정한 날에는 부모님과 함께 집 밖에 태극기를 단다.

• 나라를 사랑하는 마음으로 진지하게 애국가를 부른다.

유의점

■ 본 활동은 태극기, 무궁화, 애국가 등에 대한 내용을 두 차시로 나누어 하거나 각각의 관련 활동과 통합해서 실시할 수 있다.

예: '무궁화' 노래를 배울 때 '무궁화' 에 대한 이야기를 나눔

'태극기' 노래를 배울 때 '태극기' 에 대한 이야기를 나눔

관련활동

■ 노래 '무궁화' (131쪽 참고)

■ 노래 '태극기' (127쪽 참고)

■ 신체(게임) '태극기 돌아오기' (129쪽 참고)

■ 언어 영역 '태극기 · 무궁화 글자 맞추기' (133쪽 참고)

TIP 태극기의 4괘와 뜻을 연결시키는 것보다는 태극기에는 여러 가지 좋은 의미가 담겨 있음을 강조한다.

태극기 살펴보기

애국가 듣기

활 동
2 태극기 만들기

집단형태

자유선택활동

활동유형

조형 영역

활동자료

태극기 사진, 태극기의 태극 무늬와 4개의 괘를 그려 놓은 본, 채색 도구(예 : 색연필, 사인펜, 크레파스 등), 색종이(빨강, 파랑, 검정), 긴 빨대(풍선을 끼울 때 사용하는 단단하고 긴 빨대)나 나무젓가락, 풀

태극기 만들기

활동목표

- 우리나라 국기가 태극기임을 안다.
- 태극기의 생김새와 특징을 안다.
- 태극기를 소중히 여긴다.

활동방법

○ 태극기를 살펴본다.
- 우리나라를 나타내는 국기는 무엇인가요?
  - 태극기
- (태극기 사진을 보여주며) 태극기는 어떻게 생겼나요?
  - 가운데에 빨간색과 파란색 태극무늬가 있다.
  - 4개의 모서리 부분에 검은색 괘가 있다.

○ 활동자료를 살펴보며 활동방법에 대해 이야기 나눈다.
- 태극기를 만들어 볼 거예요.
- 재료들을 보세요. 무엇이 있나요?
  - 흰 종이, 조각 색지, 사인펜, 색연필, 크레파스, 풀, 긴 빨대 등
- 흰 종이 안에 태극기의 모양을 그려 놓았어요. 이 부분에 색을 입힐 거예요. 어떻게 색을 입힐 수 있을까요?
  - 색연필, 사인펜, 크레파스로 색칠을 한다.
  - 색종이나 조각 색지를 찢거나 오려 붙인다.

○ 태극기를 만든다.

○ 태극기의 왼쪽에 빨대를 붙인다.
- 완성한 태극기를 손으로 쥘 수 있도록 빨대를 달아 봅시다.

관련활동

- 이야기나누기 '우리나라를 나타내는 것' (124쪽 참고)
- 노래 '태극기' (127쪽 참고)
- 신체(게임) '태극기 돌아오기' (129쪽 참고)
- 언어 영역 '태극기 · 무궁화 글자 맞추기' (133쪽 참고)

활동 3 태극기

활동목표

- 우리나라의 국기가 태극기임을 안다.
- 태극기의 생김새와 특징을 안다.
- 우리나라를 사랑하는 마음을 갖는다.

활동방법

○ 태극기에 대해 이야기 나눈다.

- 우리나라의 국기는 무엇일까요?
  - 태극기
- 태극기를 어디에서 보았나요?
- 태극기는 언제 달까요?
  - 나라에 기쁜 일이나 슬픈 일이 있을 때, 특별히 기념할 날에 태극기를 단다.
  - 나라 일을 하는 기관이나 학교에는 항상 태극기를 달아 놓는다.
- 태극기를 다는 것을 어려운 말로 '게양' 이라고 해요.

○ '태극기' 노래를 소개한다.

- 하늘 높이 달려 있는 태극기가 바람에 펄럭이는 모습을 보고 만든 노래가 있어요.

○ 교사가 노래를 부른다.

○ 다 같이 노래를 부른다.

유의점

- 본 노래는 길이가 짧고 부르기 쉬운 편이다. 노래를 알고 있는 유아가 많을 경우 노래 활동으로 배우기보다는 '우리나라를 나타내는 것' 이야기나누기 활동 등 다른 활동 중간에 불러 본다.

관련활동

- 이야기나누기 '우리나라를 나타내는 것' (124쪽 참고)
- 신체(게임) '태극기 돌아오기' (129쪽 참고)
- 조형 영역 '태극기 만들기' (126쪽 참고)
- 언어 영역 '태극기 · 무궁화 글자 맞추기' (133쪽 참고)

집단형태

대집단활동

활동유형

노래

활동자료

태극기 사진, 노래자료, 게시판

악 보

태극기

작사 강소천
작곡 박태현

활동 4

태극기 돌아오기

활동목표

- 우리나라의 국기가 태극기임을 안다.
- 게임 방법을 알고 규칙을 지키며 게임한다.

활동방법

○ 유아들이 양편으로 나누어 의자에 앉는다.

○ 양편의 수를 확인한다.

○ 게임 자료를 보며 게임 방법에 대해 이야기 나눈다.

- 선생님 맞은편에 무엇을 놓았나요?
  - 유니바 3개, 태극기
- 태극기와 유니바로 어떤 게임을 할지 알아봅시다.
  - 출발 표시 위에 서서 출발 준비를 한다.
  - 선생님이 출발 신호를 하면 유니바 3개를 뛰어넘고 태극기가 꽂혀 있는 반환점을 돌아온다.
  - 반환점에 돌아와서 선생님과 악수를 한다.

○ 평가 방법을 소개한다.

- 먼저 들어온 사람이 속한 편에게 태극기 한 개를 붙여 줄 거예요.
- 태극기의 수가 많은 편이 이기는 게임이에요.

○ 게임 시 응원 태도에 대해 이야기한다.

- 친구들이 게임할 때 의자에 앉은 사람들은 어떻게 해야 할까요?
  - 바르게 앉아서 다른 사람이 게임하는 것을 본다.
  - 게임하는 친구에게 "잘해라!" 라고 응원을 한다.

○ 게임을 한다.

○ 게임을 평가한다.

- 태극기의 수를 세어 봅시다.
- 어느 편 태극기가 더 많나요?
  - ○○편이 ○개 더 많다.
- 이번 게임은 ○○편이 이겼어요.
- ○○편에게 잘 해주었다고 박수쳐 주세요. △△편에게도 열심히 게임해 주었다고 박수쳐 주세요.

집단형태

대집단활동

활동유형

신체(게임)

활동자료

태극기 2개, 유니바 6개, 신호악기

○ 응원 태도를 평가한다.

- ○○편과 △△편 모두 바르게 앉아서 응원을 잘 해주었나요?
- 바르게 앉아서 응원한 ○○편과 △△편에게 박수쳐 주세요.

○ 2차 게임을 하고 평가한다.

○ 유아들과 함께 게임 자료를 정리한다.

관련활동

- 이야기나누기 '우리나라를 나타내는 것' (124쪽 참고)
- 조형 영역 '태극기 만들기' (126쪽 참고)
- 노래 '태극기' (131쪽 참고)
- 언어 영역 '태극기 · 무궁화 글자 맞추기' (133쪽 참고)

활동 5 무궁화

활동목표

- 우리나라의 국화가 무궁화임을 안다.
- 무궁화의 생김새와 특징을 안다.
- 우리나라를 사랑하는 마음을 갖는다.

집단형태

대집단활동

활동유형

노래

활동자료

무궁화(실물 또는 사진), 노래 자료, 게시판

활동방법

○ 무궁화에 대해 이야기 나눈다.
- 우리나라를 나타내는 꽃은 무엇인가요?
  - 무궁화
- 무궁화를 본 적이 있나요? 어디에서 보았나요?
  - 유치원 울타리 옆에 피어 있는 무궁화를 보았다.
  - 집 앞 화단에 피어 있는 무궁화를 보았다.
- 무궁화는 언제 피나요?
  - 여름에서 초가을까지 핀다.
- 무궁화는 어떻게 생겼나요?
  - 무궁화나무 줄기 끝과 마디마디에 꽃이 달려 있다.
  - 꽃잎이 5개이다.
  - 꽃잎 색깔은 연분홍색이면서 안쪽은 진분홍색이다. 하얀색 무궁화도 있다.

○ 노래 자료를 사용하여 노랫말을 이야기로 들려준다.
- 우리나라는 강과 산이 많은 아름다운 나라예요. 해마다 여름과 가을에는 삼천리강산 곳곳에 무궁화가 피어요.
- 우리나라의 길이가 삼천리 정도된다고 해서 우리나라를 '삼천리강산'이라고 불러요. '리'는 길이를 나타내는 단위예요.
- 한 줄기에 핀 꽃이 지고 나면 그 위에 새로운 꽃이 피어요. 무궁화처럼 영원히 아름다운 나라가 되기를 바라는 마음에서 무궁화를 우리나라 국화로 정했어요.

○ 교사가 '우리나라 꽃' 노래를 부른다.

○ 피아노 소리로 음을 들려준다.

○ 교사와 유아가 노래를 나누어서 부른다.

○ 다 같이 노래를 부른다.

관련활동

- 이야기나누기 ‘우리나라를 나타내는 것’ (124쪽 참고)
- 언어 영역 ‘태극기 · 무궁화 글자 맞추기’ (133쪽 참고)

악 보

우리나라 꽃

작사 박종오
작곡 함이영

활동 6 태극기 · 무궁화 글자 맞추기

활동목표

- 우리나라를 상징하는 것에 대하여 안다.
- 친숙한 글자 쓰기 방법을 익힌다.

활동방법

○ 글자 맞추기 교구를 살펴본다.

- 이 그림은 무엇인가요?
  - 태극기, 무궁화
- 태극기는 어느 나라의 국기인가요?
  - 우리나라 국기이다.
- 무궁화는 어느 나라를 대표하는 꽃인가요?
  - 우리나라를 대표하는 꽃이다.
- 그림 옆에 글자가 쓰여 있어요. 글자를 읽어 봅시다.
  - '태극기', '무궁화'

○ 글자 맞추기 놀이를 한다.

- 글자 모양에 맞는 부직포 조각을 올려놓아 보세요.
- "태극기" 글자를 만들려면 어떤 조각이 필요한가요?
  - ㅌ, ㅐ, ㄱ, ㅡ, ㄱ, ㄱ, ㅣ
- 알맞은 곳에 조각을 놓으세요.
- 완성된 글자를 읽어 보세요.

관련활동

- 이야기나누기 '우리나라를 나타내는 것' (124쪽 참고)
- 노래 '무궁화' (131쪽 참고)
- 노래 '태극기' (127쪽 참고)
- 조형 영역 '태극기 만들기' (126쪽 참고)
- 신체(게임) '태극기 돌아오기' (129쪽 참고)

집단형태

자유선택활동

활동유형

언어 영역

활동자료

태극기 · 무궁화 글자 배경판, 부직포 낱글자('태극기', '무궁화'의 음소 조각)

'태극기 · 무궁화 글자 맞추기' 활동자료

활동 7

한글날

집단형태

대집단활동

활동유형

사회

활동자료

달력, 세종대왕에 대한 동화 자료

활동목표

■ 한글은 우리나라 글자임을 안다.

■ 한글의 유래를 안다.

■ 한글을 소중히 여기고 바르게 사용하는 태도를 기른다.

활동방법

○ 달력을 보면서 한글날에 대하여 이야기 나눈다.

- (달력을 보여주며) 10월 9일은 한글이 만들어진 날이에요. 달력에 '한글날'이라고 쓰여 있어요.

○ 세종대왕 동화를 보며 한글의 유래에 대해 이야기 나눈다.

■ 한글은 누가 만들었나요?

- 세종대왕과 학자들

■ 세종대왕은 우리나라 조선시대 왕이었던 분이세요. 세종대왕께서 한글을 만드시기 전까지 중국의 글자인 한자를 가져다 썼어요.

■ 하지만 한자는 읽고 쓰기가 쉽지 않았어요. 세종대왕은 백성들이 한자 쓰기를 어려워하는 것을 보고 쉽게 쓸 수 있는 글자를 만드셨어요. 그것이 바로 우리가 현재 쓰고 있는 한글(훈민정음)이에요.

○ 한글에 대해 가져야 할 마음가짐과 태도에 대해 이야기 나눈다.

■ 혹시 한자나 한글 이외에 다른 나라 글자를 본 사람 있나요?

- 영어, 일본어, 독일어, 프랑스어, 아랍어 등

■ 여러 나라의 글자들이 있지만, 세계 여러 나라 중에서 자기 나라만의 글을 가진 나라는 많지 않아요. 한글에 대해 어떤 마음을 가져야 할까요?

- 우리나라 언어이므로 자랑스럽게 생각하고 소중하게 여긴다.

■ 어떻게 하면 한글을 소중히 사용할 수 있을까요?

- 한글을 바르게 쓴다.
- 나쁜 말을 사용하지 않는다.
- 한글을 아끼고 열심히 사용한다(예: 키→열쇠, 핑크색→분홍색 등).

관련활동

■ 언어 영역 '태극기 · 무궁화 글자 맞추기' (133쪽 참고)

부 록

1. 주간교육계획안

만 4세 ○○○ 반 주간교육계획안 20○○ 학년도 ○ 월 ○ 주	생활주제	우리나라	주 제	전통 의식주 생활 / 전통예술 / 전통놀이
목 표	우리나라 전통 의식주 생활에 대하여 안다. / 전통예술과 전통놀이에 관심을 갖는다. / 전통문화를 소중히 여기는 태도를 기른다.			

활동	요일/날짜	월 (○ 일)	화 (○ 일)	수 (○ 일)	목 (○ 일)	금 (○ 일)	평가
자유선택활동	쌓기 놀이 영역	• 종이벽돌블록으로 광화문 만들기 • 유니트블록으로 탑 쌓기 • 맥포머스블록, 원목자석블록으로 구성물 만들기 →					
	역할 놀이 영역	• 전통생활 도구로 놀이하기 • 전통부엌에서 전통음식 요리하기 • 한복 입고 부채춤 추기 →					
	언어 영역	• '우리나라' 생활주제 관련 그림책 보기 • 전통가옥 그림자극 놀이하기, 태극기, 무궁화 글자 맞추기 →					
	수학 · 조작 영역	• '우리나라' 생활주제 관련 조작 교구(윷놀이, 조각보 만들기 등) 하기 • 전통생활 도구 나무퍼즐 맞추기 →					
	과학 영역	• 라이트박스에 색깔 OHP 필름으로 색동패턴 만들기 • 민속화 확대경으로 관찰하기 →					
	조형 영역	• 재활용품으로 전통집 만들기	• 색동저고리 만들기 →		• 점토로 떡 만들기 →		
	음률 영역	• '우리나라' 생활주제 관련 악기(색동 곡식 마라카스, 소고, 부채 방울악기 등) 연주하기 • 사물악기 연주하기 →					
	실외 영역	• 마당 : 조합놀이터, 모래놀이터, 대근육기구(그네, 네스팅브릿지 등) 놀이하기 / 자전거 타기(화, 수, 금) / 축구하기(월, 목) →					
대 · 소집단활동	이야기나누기	• 경복궁 현장학습을 갈 때 지켜야할 약속	• 한복	• 옛날 물건과 오늘날 물건	• 색동		
	동화 · 동극 · 동시	• 그림옷을 입은 집(PPT동화)		• 고맙다(동시)	• 빨간색을 나누어준 색동저고리(융판동화 · 동극)	• 춤추는 호랑이(OHP 동화)	
	음 악		• 색종이(새노래)	• 밀양 아리랑(새노래)		• 소고 탐색하기	
	율 동					• 소고춤(밀양 아리랑 1절)	
	체 육	• 걷기(광화문 → 흥례문 → 근정전 → 경회루)					
	게 임		• 색동저고리 완성하기				
	수 학	• 경복궁 근정전의 동물 조각상 수 세기				• 색동 패턴 맞히기	
	과 학						
	사 회	• 버스 승하차 시 안전규칙 지키기 • 문화재의 소중함 알기			• 예배 '우리나라를 사랑해요'		
	바깥 놀이		• 전통놀이(투호, 판제기, 긴줄넘기)하기 →				
	간 식	• 옥수수빵 1, 사과주스	• 증편 1, 우유	• 현미누룽지빵 1, 우유	• 찐밤 3, 우유	• 산딸기과자 1, 감귤주스	
	전이 · 주의집중	• 선생님 따라서 손뼉 치기	• 한복 그림 조각 맞추기	• 옛날 물건과 오늘날 물건 연결하기	• 배운 노래 부르기	• 선생님처럼 해봐요(소고춤 동작)	
	귀가지도	• 경복궁 다녀온 소감 이야기나누기 • 내일부터 유치원에 한복을 입고 올 수 있음	• 내일 그림책 가져오기 • 여벌옷 없는 사람은 가져와서 장에 넣어두기	• 그림책 가지고 가기 • 내일은 예배를 드릴 것임 • 내일까지 한복을 입을 수 있음	• 도시락 가지고 오기 • 갈아입은 한복 가지고 가기	• 주말 잘 지내기 • 도시락, 실내화 가지고 가기	
비 고		※ 경복궁 현장학습	※ 한복 입는 날(9/28~9/30)	※ 그림책 반납 및 대출 ※ 한복 입는 날	※ 예배(○○○ 전도사님) ※ 한복 입는 날	※ 점심 먹는 날(귀가시간 12:50)	
총 평							

<table>
<tr><td colspan="2">만 4세 ○○○ 반 주간교육계획안
20○○ 학년도 ○ 월 ○ 주</td><td>생활주제</td><td colspan="2">우리나라</td><td>주 제</td><td colspan="3">전통예술 / 전통놀이 /
이화가족 가을놀이마당</td></tr>
<tr><td colspan="2">목 표</td><td colspan="7">이화가족 가을놀이마당에 관심을 갖고, 가을놀이마당에 필요한 것들을 준비한다. / 전통민요에 맞추어 소고춤을 추면서 우리 가락의 흥겨움을 느낀다. / 전통놀이의 종류와 방법을 알고 즐겁게 놀이에 참여한다. / 이화가족 가을놀이마당을 맞이하여 가족과 함께 유치원에서 즐거운 시간을 보낸다.</td></tr>
<tr><td colspan="2">활동 \ 요일/날짜</td><td>월(○ 일)</td><td>화(○ 일)</td><td>수(○ 일)</td><td>목(○ 일)</td><td>금(○ 일)</td><td>토(○ 일)</td><td>평 가</td></tr>
<tr><td rowspan="8">자유선택활동</td><td>쌓기 놀이 영역</td><td colspan="6">• 종이벽돌블록과 자석블록으로 광화문 만들기 • 카프라블록으로 탑 쌓기 • 자석블록(맥포머스블록, 원목자석블록)으로 구성물 만들기 →</td><td></td></tr>
<tr><td>역할 놀이 영역</td><td colspan="6">• 전통부엌 놀이하기 • 한복 입고 놀이하기(한복, 댕기, 갓, 부채, 꽃신 등 전통물건으로 놀이하기) →</td><td></td></tr>
<tr><td>언어 영역</td><td colspan="6">• '우리나라' 생활주제 관련 그림책(좁쌀 한 톨로 장가든 총각, 한지돌이, 아무도 모를 거야 내가 누군지 등) 보기 • '이화가족 가을놀이마당' 글자 쓰기 →</td><td></td></tr>
<tr><td>수학 · 조작 영역</td><td colspan="6">• '우리나라' 생활주제 관련 수학 · 조작 교구(전통악기와 채 연결하기, 팥죽 할머니와 호랑이 판게임, 전통놀이에 필요한 도구 찾기, 전통물건 그림자 맞추기 등)하기 →</td><td></td></tr>
<tr><td>과학 영역</td><td colspan="6">• 민속화 확대경으로 관찰하기 • 라이트박스에 민화 비추어 보기 • OHP기계 이용해서 옛날 사람 그림자인형으로 그림자 극놀이하기 →</td><td></td></tr>
<tr><td>조형 영역</td><td colspan="2">• 고깔 만들기(소고춤 고깔) →</td><td colspan="2">• 우리나라 탈 공판화(가을놀이마당 장식용) →</td><td>• 병풍 만들기</td><td></td><td></td></tr>
<tr><td>음률 영역</td><td colspan="6">• '우리나라' 생활주제 관련 악기(색동레인스틱, 표주박마라카스, 소고, 복조리 악기 등) 연주하기 • 사물악기 연주하기 →</td><td></td></tr>
<tr><td>실외 영역</td><td colspan="6">• 마당 : 종합놀이터, 모래놀이터, 대근육기구(그네, 네스팅브릿지 등) 놀이하기 • 전통놀이(투호, 판제기, 긴줄넘기, 팽이, 하늘팽이 등) 하기 →</td><td></td></tr>
<tr><td rowspan="13">대 · 소집단활동</td><td>이야기나누기</td><td>• 이화가족 가을놀이마당</td><td></td><td>• 민속놀이</td><td>• 사물악기</td><td>• 가을놀이마당 예행연습</td><td>• 가을놀이마당에서 지켜야 할 약속</td><td></td></tr>
<tr><td>동화 · 동극 · 동시</td><td></td><td>• 가을놀이마당(반입체)</td><td></td><td>• 풍물놀이(음악동화)</td><td>• 즐거운 가을놀이마당(OHP)</td><td></td><td></td></tr>
<tr><td>음 악</td><td></td><td>• 응원가 I (새노래)</td><td>• 응원가 II (새노래)</td><td>• 어깨춤(새노래)</td><td></td><td>• 응원가 I , II
• 밀양아리랑</td><td></td></tr>
<tr><td>율 동</td><td>• 소고춤(밀양아리랑 2절)</td><td></td><td>• 소고춤</td><td></td><td>• 소고춤</td><td>• 소고춤</td><td></td></tr>
<tr><td>체 육</td><td></td><td></td><td></td><td></td><td>• 우리체조</td><td>• 우리체조</td><td></td></tr>
<tr><td>게 임</td><td></td><td>• 색깔판 뒤집기</td><td></td><td></td><td></td><td>• 골대에 공 넣기, 색깔판 뒤집기, 일개미</td><td></td></tr>
<tr><td>수 학</td><td>• 청룡편, 백호편 수세기</td><td>• 자기 편 색깔판 수세기</td><td></td><td></td><td></td><td>• 일개미 포대 수세기</td><td></td></tr>
<tr><td>과 학</td><td></td><td></td><td></td><td></td><td></td><td></td><td></td></tr>
<tr><td>사 회</td><td>• 소방대피훈련 평가</td><td></td><td></td><td>• 예배 '최선을 다해 준비해요'</td><td></td><td>• 다른 사람과 협력하기</td><td></td></tr>
<tr><td>바깥 놀이</td><td></td><td></td><td>• 투호</td><td></td><td></td><td></td><td></td></tr>
<tr><td>간 식</td><td>• 삶은 달걀 1/2, 사과 1, 우유</td><td>• 닭죽, 둥굴레차</td><td>• 송편 2, 우유</td><td>• 시금치요거트빵 1, 우유</td><td>• 색편 1, 우유</td><td>• 유아: 스틱소보루빵 1, 사과주스
• 어른: 백설기 3, 물</td><td></td></tr>
<tr><td>전이 · 주의집중</td><td>• 청룡, 백호 손 들기</td><td>• 색깔 패턴 맞추기</td><td>• 선생님처럼 해봐요(소고춤 동작)</td><td>• 악기 소리 듣기</td><td>• 배운 노래 부르기</td><td>• 응원 구호 외치기</td><td></td></tr>
<tr><td>귀가지도</td><td>• 일과 평가하기
• 겉옷 스스로 입기
• 바르게 인사하기</td><td>• 내일 그림책 가져오기
• 가정통신문, 가을놀이마당 초대장 가지고 가기</td><td>• 그림책 가지고 가기
• 내일은 예배를 드릴 것임</td><td>• 내일 가을놀이마당 연습을 할 것이므로 바지 입고 오기</td><td>• 내일은 가을놀이마당을 하는 날이므로 가족과 함께 9:30까지 오기
• 자기편 색깔 옷 입고 오기</td><td>• 가을놀이마당 소감 나누기
• 주말 동안 잘 쉬기</td><td></td></tr>
<tr><td colspan="2">비 고</td><td>※ 소방대피훈련</td><td></td><td>※ 그림책 반납 및 대출</td><td>※ 예배(○○○ 전도사님)</td><td>※ 가을놀이마당 예행연습</td><td>※ 이화가족 가을놀이마당</td><td></td></tr>
<tr><td colspan="2">총 평</td><td colspan="7"></td></tr>
</table>

2. 일일교육계획안

담임	원감	원장

학급명	○○○반 (만 4세)	날 짜	20○○년 ○월 ○일 ○요일	수업일수	○○ / ○○○일
생활주제	우리나라	주 제	전통예술 이화가족 가을놀이마당	소주제	전통악기의 이름, 생김새, 소리 이화가족 가을놀이마당 준비
목 표	전통악기의 이름과 생김새를 알고, 소리를 감상한다. / 전통음악에 친숙해지고 흥겨움을 느낀다. / 이화가족 가을놀이마당 준비 과정에 참여한다.				
일일 시간표	9:00 ~ 등원 및 실내자유선택활동 9:50 ~ 정리정돈 및 화장실 다녀오기 10:00 ~ 음악동화 '풍물놀이' 및 이야기나누기 '사물악기' 10:25 ~ 간식 '시금치요거트빵1, 우유' 10:50 ~ 예배 '최선을 다해 준비해요'(유희실) 11:10 ~ 실외자유선택활동 11:50 ~ 정리정돈 및 화장실 다녀오기 12:00 ~ 노래 '어깨춤' 12:15 ~ 귀가지도				

시간 / 활동명	활 동 목 표	활 동 내 용	준비물 및 유의점	평 가
9:00~ 등원 및 실내자유 선택활동	• 선생님께 바르게 인사하는 태도를 기른다. • 공판화의 특성을 알고, 공판화를 찍어보며 탈 모양에 친숙해진다. • 블록의 특성과 쌓는 방법을 알고 블록을 이용하여 창의적으로 탑 형태를 구성한다.	• 등원 및 인사나누기 - 선생님과 인사나누기 - 출석표시판에 이름표 붙이기 • 실내자유선택활동하기 [조형] 우리나라 탈 공판화 - 여러 가지 모양의 탈 살펴보고 고르기 → 한지 뒷면에 이름 쓰기 → 한지 위에 판화틀 올려놓기 → 판화틀에 스펀지붓으로 물감 묻히기 → 판화틀 걷어내고 한지 위에 찍힌 모양 보기 → 건조대에 말리기 [쌓기] 카프라블록으로 탑 쌓기 - 어떤 모양의 탑을, 몇 층으로 만들 것인지 생각해보기 - 카프라블록으로 탑 쌓기 - 완성한 탑에 이름 짓기, 전시하기	• 출석 표시판, 이름표 - 유아 맞이하기: ○○○ 교사 • 조형: 한지, 탈 공판화틀, 스펀지붓, 물감, 건조대, 작업복 - 조형: ○○○ 교사 • 쌓기: 카프라블록, 유니트블록, 원목자석블록 등	

시간 / 활동명	활 동 목 표	활 동 내 용	준비물 및 유의점	평 가
	• 전통의식주 생활에 관심을 갖고 극놀이로 표현한다. • 말하기, 듣기, 읽기, 쓰기에 관심을 가지고, 그림책을 즐겨 보는 습관을 기른다. • 수학 · 조작 교구와 그림 맞추기를 하면서 전통문화에 친숙해진다. • 확대경의 특성을 알고 민속화를 관찰하여 퍼즐을 맞춘다. • 음률영역에 있는 악기를 바르게 연주하는 방법을 알고 즐겁게 연주한다. • 올바른 기본 생활습관을 형성한다.	[역할] 전통부엌 놀이하기 - 부엌의 전통도구들로 밥 짓고 국 끓이기(아궁이, 가마솥 등) - 한복 입고 전통소품을 이용해서 꾸미기(댕기, 꽃신, 갓 등) [언어] '우리나라' 생활주제 관련 그림책 보기 - '우리나라' 생활주제 관련 그림책(좁쌀 한 톨로 장가든 총각, 한지돌이, 아무도 모를 거야 내가 누군지 등) 보기 - '이화가족 가을놀이마당' 화보 보고 글씨 쓰기 [수학 · 조작] '우리나라' 생활주제 관련 수학 · 조작 교구, 그림 맞추기 - 사물악기와 채 연결하기 - 태극기 퍼즐 맞추기 - 그림자 보고 씨름하는 모습 맞추기 [과학] 확대경으로 민속화 보고 조각그림 맞추기 - 확대경으로 민속화 보고 조각그림 맞추기 - 라이트박스에 민화 비추어보기 [음률] 음률영역에 있는 악기 연주하기 - 색동레인스틱, 나무마라카스, 표주박마라카스, 소고, 부채악기, 복조리 악기 연주하기 • 기본 생활습관 지도하기 - 바르게 인사하기, 실내에서 걸어 다니기, 놀던 장난감 정리하기	• 역할: 전통부엌 도구, 한복, 전통소품, 전통생활 도구 등 • 언어: 그림책, 연필, 지우개, 단어 화보, 조각종이 • 수학 · 조작: 사물악기와 채 연결하는 조작 교구, 태극기 조각그림, 씨름 풍경 나무 조각그림 등 • 과학: 확대경 2, 민속화 카드 4, 민속화 조각그림 4, 라이트박스, OHP 민화 • 음률: 색동레인스틱, 표주박마라카스, 복조리 악기 등	
9:50~ 정리정돈 및 화장실 다녀오기	• 자기가 가지고 놀던 놀잇감을 정리할 수 있다. • 친구를 돕고 서로 협력하는 태도를 기른다.	• 자기가 놀았던 영역부터 정리하기 • 다른 친구들이 정리하는 것 도와주기 • 화장실 다녀오기		
10:00~ 음악동화 '풍물놀이' 및 이야기나누기 '사물악기'	• 사물악기의 이름과 생김새를 알고 악기의 소리를 감상한다. • 사물악기에 친숙해진다.	◎ 동화 '동물들의 풍물놀이' 및 음악활동 '사물악기' • 자리정돈 및 주의집중 : 소고 소리 듣고 손뼉 치기 • 활동 소개하기 - 우리나라 전통악기 소리와 함께 동화를 들어볼 거예요. 어떤 악기에서 어떤 소리가 나는지 잘 들어보세요. • 동화 듣기 - 동화에서 사물악기가 등장하는 부분마다 악기 소리 들어보기 • 사물악기의 생김새와 소리 탐색하기 ① 소고: 소고채로 북면과 북통을 쳐서 소리를 냄 ② 장구 : 장구통과 조이개 살펴보기 왼손으로 궁채를 쥐고 궁편을, 오른손으로 열채를 쥐고 채편을 쳐서 소리를 냄 ③ 꽹과리 : 왼손으로 꽹과리에 붙어있는 끈을 쥐고 나무로 된 방망이 모양의 채로 쳐서 소리를 냄	• 그림동화자료, 사물악기(소고, 장구, 꽹과리, 북, 징), 낮은 책상 - 동화구연: ○○○ 교사 - 악기연주: ○○○ 교사	

시간 / 활동명	활 동 목 표	활 동 내 용	준비물 및 유의점	평 가
		④ 북: 북을 세워 끈을 잡아 움직이지 않도록 하고 나무로 된 북채로 쳐서 소리를 냄 ⑤ 징: 꽹과리처럼 놋쇠로 만들었음. 끝을 헝겊으로 감은 채로 쳐서 소리를 냄 - 장구, 꽹과리, 북, 징을 사물악기라고 부름 • 사물악기로 연주하는 인사굿 듣기 - 간식을 먹은 후에 베란다에서 사물악기를 연주해볼 것임	* 동화에서 동물들이 사물악기를 연주할 때 교사가 옆에서 악기를 연주해 줘서 유아들이 직접 악기를 보며 소리를 들을 수 있도록 한다.	
10:25~ 간식 '시금치요거트빵 1, 우유'	• 손을 깨끗이 씻는 습관을 기른다. • 음식을 골고루 먹는다.	• 화장실에서 손 씻기 • 간식 먹기 • 간식을 다 먹은 후 베란다에서 사물악기 연주하기, 언어영역/조형영역에서 놀이하기	- 간식차 가져오기 및 손씻기 지도 : ○○○ 교사 - 간식 준비 및 지도: ○○○ 교사	
10:50~ 예배 '최선을 다해 준비해요' (유희실)	• 바른 태도로 예배를 드린다. • 예배를 드리면서 하나님과 이웃을 사랑하는 마음을 갖는다.	◎ 예배 '최선을 다해 준비해요' (유희실) • 자리정돈 및 주의집중 : 배운 찬양 부르기 • 유희실에 세 학급이 모여 앉기 • 찬양 부르기 '우리 예수님 사랑해요' • 말씀 듣기 '최선을 다해 준비해요' (○○○ 전도사님) - 또 우리 사람들도 열매 없는 자가 되지 않게 하기 위하여 필요한 것을 예비하는 좋은 일에 힘쓰기를 배우게 하라(디도서 3장 14절 말씀) • 기도하기 • 교실로 돌아가기	• 마이크, 노트북, 빔프로젝터, 스크린, 프로젝터 리모컨	
11:10~ 실외자유선택활동	• 실외놀이 규칙을 지키며 안전하게 놀이한다. • 실외놀이 시설을 안전하게 사용한다.	• 실외자유선택활동하기 [조합놀이터] 줄 잡고 올라가기, 미끄럼틀, 그물, 모래 도르래 등 [모래놀이터] 모래놀이용구로 산 만들기, 깊게 파기, 음식 만들기 [대근육기구] 그네, 네스팅브릿지에서 놀이하기 [잔디밭] 판제기, 사방치기, 투호, 하늘팽이 • 전이: 가을이 되어 변화하는 나뭇잎 색깔 관찰하기	• 탬버린, 유아명단 - 전통놀이 지도: ○○○ 교사 - 전체: ○○○ 교사 * 교사는 유아들이 안전하게 놀이하도록 지도한다.	
11:50~ 정리정돈 및 화장실 다녀오기	• 자기가 가지고 놀던 놀잇감을 정리할 수 있다. • 친구를 도와줄 수 있다.	• 선생님이 탬버린을 흔들면 선생님 앞에 줄서기 • 교실에 들어가서 신발, 겉옷 정리하기 • 화장실 다녀오기 • 물마시기	- 정리신호: ○○○ 교사 - 유아 수 확인: ○○○ 교사	

시간 / 활동명	활 동 목 표	활 동 내 용	준비물 및 유의점	평 가
12:00~ 노래 '어깨춤'	• 사물악기의 이름과 생김새를 알고 악기의 소리를 감상한다. • 흥겹게 노래를 부른다.	◎ 노래 '어깨춤' • 자리정돈 및 주의 집중: 사물악기와 채 연결하기 • 사물악기에 대하여 이야기 나누었던 것 회상하기 - 사물악기는 어떤 것들이 있었나요? (북, 꽹과리, 징, 장구) - 북은 어떤 소리가 났나요? (둥둥둥) - 꽹과리는 어떤 소리가 났나요? (깽깨갱 깽깨갱) - 징은 어떤 소리가 났나요? (딩) - 장구는 어떤 소리가 났나요? (덩덩덩 쿵덕) • 교사가 부르는 노래 듣기 - 덩기덕 덩더러러 장구소리 깽깨갱 깽깨개갱 꽹과리소리 얼싸 좋다 얼싸 좋아 어깨춤이 절로 난다 • 노래에서 나온 의성어 살펴보기 - 장구소리는 어떻게 나왔나요? (덩기덕 덩더러러) - 꽹과리소리는 어떻게 나왔나요? (깽깨갱 깽깨개갱) • 의성어 부분만 유아들이 부르기 • 처음부터 끝까지 함께 부르기 • 배운 노래 부르기(응원가 1, 2, 색종이 등)	• 장구, 꽹과리, 주의집중자료(사물악기 사진 코팅자료)	
12:15~ 귀가지도	• 귀가 전 해야 할 일을 알고 스스로 하는 습관을 기른다. • 바르게 인사하는 습관을 기른다.	• 내일은 가을놀이마당 예행연습을 할 것이므로 바지 입고 오기 • 바르게 인사하기	- 복도: ○○○교사 - 유아인솔: ○○○교사	
비고	※ 예배(○○○전도사님)			
총평				

참고문헌

김진영(2009). 김진영 동요집. 교문사.

이기숙 · 김희진 · 이경미 · 이순영(1998). 유아를 위한 소비자교육 프로그램. 양서원.

이은화 · 김순세(1973). 어린이 춤곡. 형설출판사.

이화여자대학교 사범대학 부속 이화유치원(1970). 노래동산.

이화여자대학교 사범대학 부속 이화유치원(1987). 유아를 위한 즐거운 놀이.

이화여자대학교 사범대학 부속 이화유치원(1995). 3, 4, 5세 어린이를 위한 유치원 교육과정 운영의 실제. ⑧ 우리나라. 교문사.

저자소개

홍용희 이화여자대학교 사범대학 부속이화유치원 원장
이화여자대학교 사범대학 유아교육과 교수

오지영 이화여자대학교 사범대학 부속이화유치원 원감

강은정 현 이화여자대학교 사범대학 부속이화유치원 교사

김은수 현 이화여자대학교 사범대학 부속이화유치원 교사

김혜전 전 이화여자대학교 사범대학 부속이화유치원 교사

이예린 현 이화여자대학교 사범대학 부속이화유치원 교사

장정윤 전 이화여자대학교 사범대학 부속이화유치원 교사

이화유치원
교육과정 운영의 실제
만 4세 ⑨ 우리나라

2012년 4월 2일 초판 인쇄
2012년 4월 10일 초판 발행

지은이 이화여자대학교 사범대학 부속이화유치원
펴낸이 류제동
펴낸곳 (주)교문사

책임편집 정혜재
본문디자인 아트미디어
표지디자인 이수미
제작 김선형
영업 정용섭·이진석·송기윤

출력 아트미디어
인쇄 동화인쇄
제본 한진제본

우편번호 413-756
주소 경기도 파주시 교하읍 문발리 출판문화정보산업단지 536-2
전화 031-955-6111(代)
팩스 031-955-0955
등록 1960. 10. 28. 제406-2006-000035호

홈페이지 www.kyomunsa.co.kr
E-mail webmaster@kyomunsa.co.kr
ISBN 978-89-363-1224-4 (93370)
ISBN 978-89-363-1141-4 (93370) 전 36권

값 17,000원

*저자와의 협의하에 인지를 생략합니다.
*잘못된 책은 바꿔 드립니다.